建德市第三次全国文物普查成果之二

建德古窑址

建德市第三次全国文物普查办公室编

西泠印社出版社

序　言

建德市地处浙西，钱塘江上游，位于杭州—千岛湖—黄山这条黄金旅游线的中段，是国务院首批公布的44个重点风景旅游名胜区之一。建德历史悠久，人文荟萃。“建德人”遗址的发现，表明早在10万年前就有人类在这里繁衍生息，揭开了人类发展史“浙江篇”序幕。建德在三国吴黄武四年（225）建县。唐万岁通天二年（697），睦州州治由雉山移建德（今梅城镇），建德为州治始于此，后历代均为郡、路、州、府之治地，迄今已有近1800年的历史。这里山清水秀，风景如画，吸引了大量的文人墨客流连驻足，唐代诗人孟浩然的《宿建德江》，描述的正是建德的山水之美，脍炙人口，千古流传。而同一时期的“睦州诗派”，均以山水田园诗见长，沿江而吟，堪称浙西水上唐诗之路，名动一时。宋代的严州刻本，明清时期的婺剧徽班，也是赫赫有名。另外，《水浒传》、《三国演义》、《金瓶梅》、《官场现形记》等多部经典小说也是对严州多有涉及。

自第三次全国文物普查计划实施以来，建德市委、市政府根据国务院、省政府的统一部署，于2007年10月全面启动全市的第三次全国文物普查工作。10月12日，建德市人民政府成立了文物普查领导小组，在建德市文广新局设立第三次全国文物普查办公室，负责普查工作的组织和实施。10月26日，建德市人民政府下发了《关于在全市开展第三次全国文物普查的通知》，要求在全市范围内开展第三次全国文物的调查，明确调查的时间、内容、经费等。市普查办在第一时间，编制了《建德市第三次全国文物普查实施方案》和《建德市第三次全国文物普查经费编制方案》。经过充分的普查准备和有效的普查动员，建德市三普工作实地调查阶段从2008年3月开始，经过19个月的不懈努力，于2009年9月底全面完成了全市16个乡镇街道的调查任务。全市共登录不可移动文物1266处，其中新发现1217处，占登录总数的96.13%。普查成果涵盖了6大类41个子类的文物，类型非常丰富。

在完成普查任务的基础上，我市积极落实普查后续保护措施，确保普查成果得到有效保护。一方面，积极申报提升各个级别的文物保护单位。截至目前，全市已有各级文物保护单位97处，其中省级文物保护单位9处（中国历史文化名村1处，推荐国保4处），市级文物保护单位88处。另一方面，通过多方筹措资金，落实保护政策，推进古迹保护。我市先后于2010年4月和8月出台了《建德市历史建筑保护管理实施办法》和《建德市历史建筑保护专项资金管理暂行办法》，强势推进作为乡土建筑的维修保护工作。2010年底，市文广新局完成建德市境内全部登录历史建筑的挂牌树碑工作，实施分类分级保护，从而使历史建筑的“身份”得以明确。在此基础上，文广新局根据紧急程度、保护等级、资金配套、合理利用等优先原则，编制了历史建筑维修五年行动计划（2010—2014），以确保历史建筑的本体安全，使历史记忆得以传承，历史文脉得以延续，从而实现城市建设与古迹保护的双赢。

文物，作为人类文明的物质遗存，凝聚了丰富的历史信息，是人类对外探索成果的深厚积淀。在城市化进程依然在加速，人类对自身支配性的文明发展模式不断提出反思的今天，文物作为历史记忆载体的传承功能也日益凸显。保护文物，理应成为全社会的共识，而《建德古窑址》一书，是在摸清全市古遗址的家底与现状的基础上，汇集了本次“三普”古窑址发现及研究的新成果，体现了建德文物工作者在该领域的新突破。希望能够以此书的出版为契机，让更多的人关注建德文化遗产，提高保护意识，增强历史责任，充实文化底蕴，为建德的美好明天共同努力。

建德市人民政府副市长：郑冰

目　录

第一章　调查缘起与工作概况　001

第二章　区域历史地理概述　007

第一节　历史沿革　008

第二节　地理环境　010

第三节　古代窑业生产　012

第三章　窑　址　015

第一节　大白山窑址　016

一、堆积状况　016

二、产品及其特征　017

三、窑具及其装烧工艺　071

四、价值与保护　097

第二节　大慈岩脚窑址　098

一、堆积状况　098

二、产品及其特征　099

三、窑具及其装烧工艺　113

四、价值与保护　115

第三节　窑坞窑址　116

一、堆积状况　116

二、产品及其特征　116

三、窑具及其装烧工艺　126

四、价值与保护　133

第四节　后山窑址　134
一、堆积状况　134
二、产品及其特征　134
三、窑具及其装烧工艺　160
四、价值与保护　169

第五节　倪家窑址　170
一、堆积状况　170
二、产品及其特征　171
三、窑具及其装烧工艺　200
四、价值与保护　215

第四章　结　语　217

第一节　各窑产品年代的初步分析　218

第二节　蓝色窑变釉相关问题的初步探讨　220

第三节　调查发现的意义　221

后　记　222

调查缘起与工作概况

第一章　调查缘起与工作概况

建德市在以往文物工作和第三次全国文物普查中，于境内发现宋代瓷窑址5处，分别为大白山窑址、大慈岩脚窑址、窑坞窑址、后山窑址和倪家窑址。（图1–1建德古窑址分布图）上述窑址的发现，对浙江青瓷地域分布及其特征、青瓷源流及各窑间关系、遗址出土青瓷归属、宋代窑业制度、市民生活等研究具有重要意义。

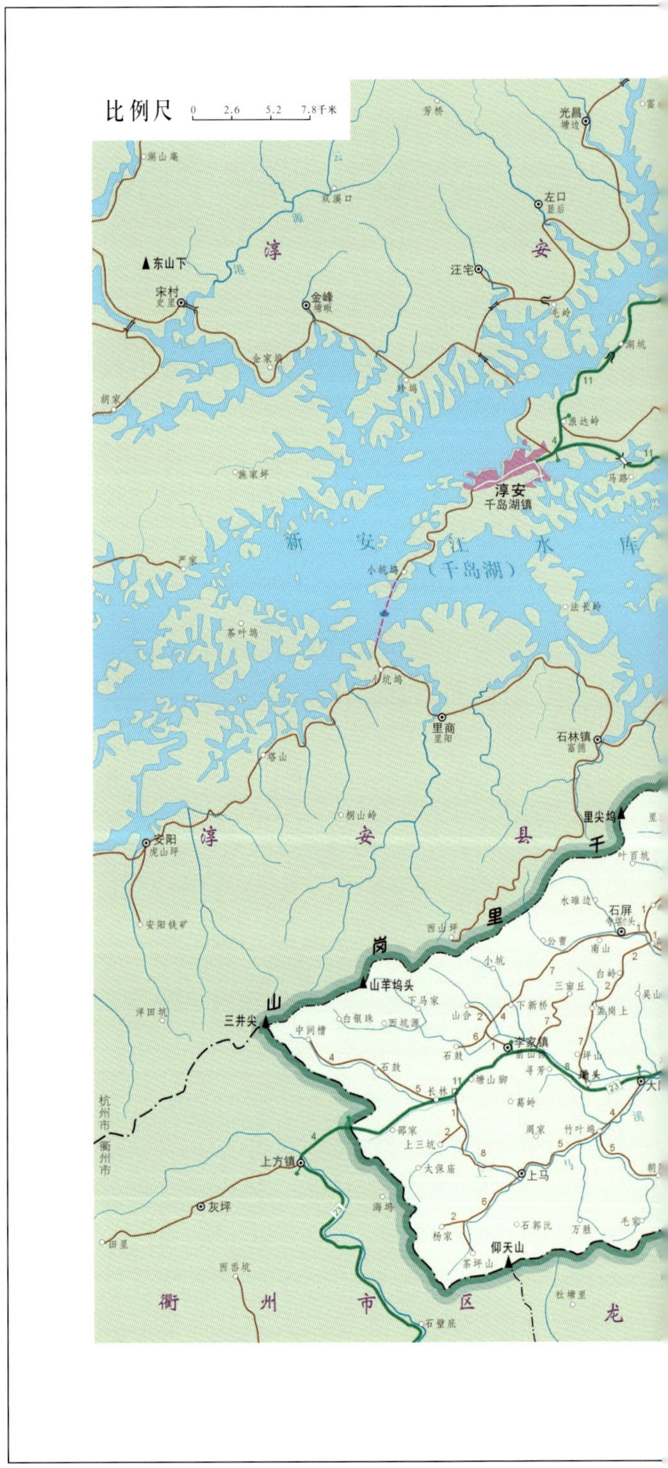

大白山窑址发现于2006年，这年的6月3日，市文化广电新闻出版局领导获悉新安江街道章家村高塘坞一农户在建设住宅过程中发现大量瓷片，随即赶往现场进行查看，发现大量青釉刻花瓷片及废弃窑具，并从现场采集了一些瓷片和窑具标本。6月4日，市文化广电新闻出版局领导及文物办（现为建德市文物保护管理所）工作人员对采集标本作了进一步的观察分析，初步认定采集瓷片符合宋代青釉刻花瓷的特征，其风格与龙泉窑相似。因此，该窑址的年代应属宋代。随后文物办工作人员又对现场开展实地调查，确认文化堆积的范围，查找烧窑时留存的红烧土，分析窑炉及作坊遗迹的分布，收集散落标本等。经调查明确，这是一处生产青瓷的宋代古窑址，是一次重要发现。

2007年4月4日，“国务院关于开展第三次全国文物普查的通知”发布，随后浙江省和杭州市政府及文物行政管理部门对文物普查工作进行了部署。根据上级部署

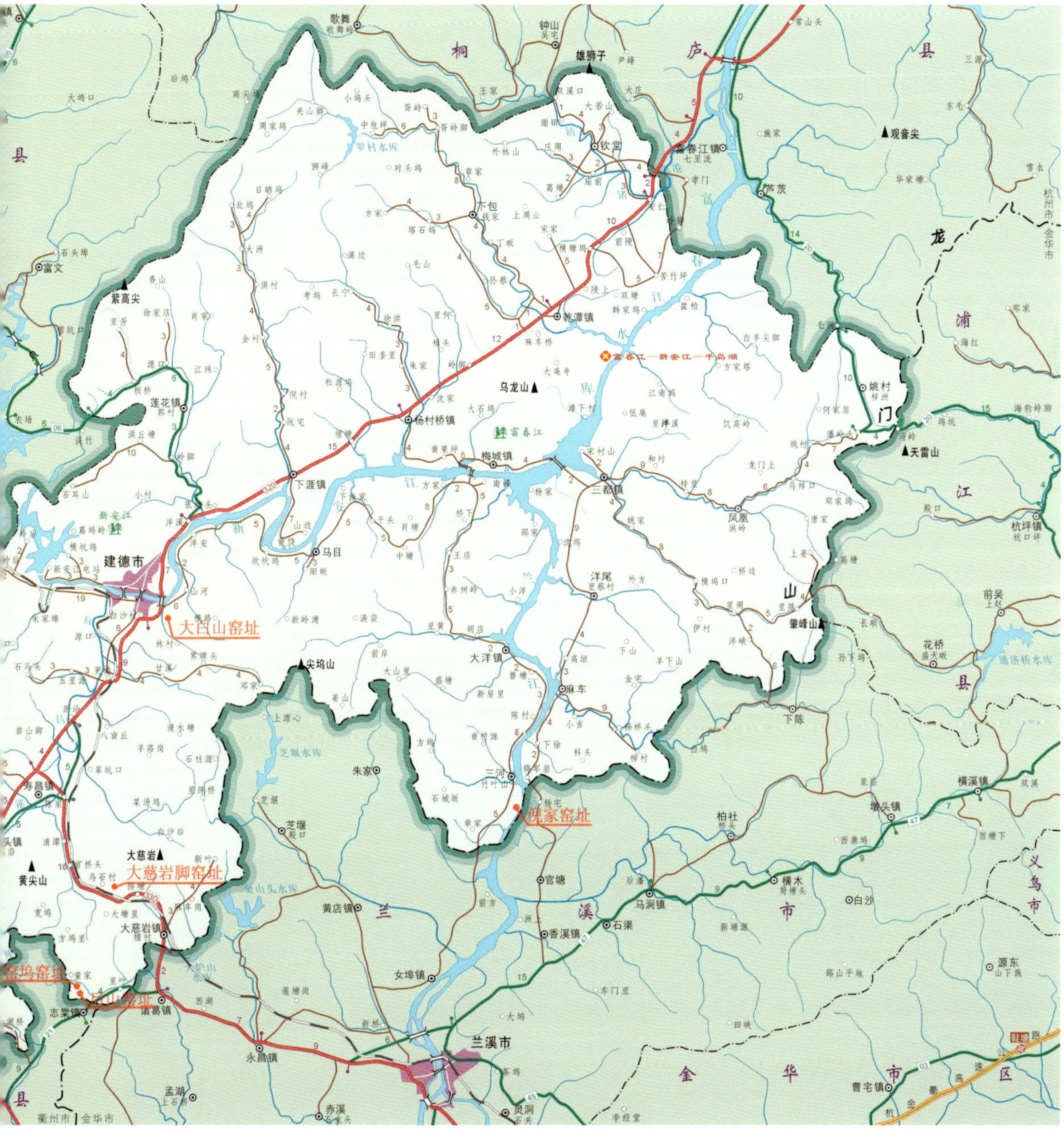

图1-1　建德古窑址分布图

图1-1

和相关目标要求，建德市第三次全国文物普查工作队成立，并开展了第一阶段的工作。在普查起步阶段，我们通过查阅《浙江通志》、《严州府志》、《建德县志》、《寿昌县志》、《建德县地名志》等文献，努力寻找各类型文物的相关记载和线索，并予以分类、统计、汇总和分析。其中，有关建德境内古代陶、瓷窑的相关记载便是其中的一项重要内容，这为我们开展古代陶、瓷窑址调查和专题研究积累了第一手资料。

在"建德市第三次全国文物普查动员大会"顺利召开的基础上，我们又在分区域、分专题开展的培训、讲座、座谈会中，把窑址调查这一专题普查的基本内容、简便认定方法、相关图纸和照片分发给各乡镇文化员和村中的热心老同志，做好宣传。（图1–2座谈会现场）

在普查野外调查中，我们按照第三次全国文物普查工作相关实施、认定、信息采集、登录、建档备案等标准、规范的要求，把对大白山窑址的调查作为窑址普查的第一个重点，开展相关工作，积累文物普查经验和窑址专题普查资料。并以大白山窑址调查为范例，继续探索窑址调查的方式和方法，争取能在窑址调查这一专题普查中做出特色，走在前列。

在大白山窑址调查的基础上，我们在以村、组为单位的小范围座谈和实地走访中，将这些资料介绍和展示给广大群众，请群众当向导，为我们寻找窑址类遗存提供线索。（图1–3普查队员实地走访和座谈）通过这种途径，结合实地踏查中对地形地貌的观察，我们又陆续发现了大慈岩脚窑址、窑坞窑址、后山窑址和倪家窑址这4处窑址。这些窑址的发现和登记著录，丰富了

图1–2

图1—3

建德市古代陶、瓷窑址的内涵，具有重要意义。

窑址发现的目的和后续工作是研究和保护，在这方面我们需要进一步加强，编写这份专题调查报告，也正是出于这一考虑。

专题调查和室内整理工作由建德市文物保护管理所所长尧志刚主持和负责。调查整理过程中，杭州市文物考古研究所所长唐俊杰多次莅临指导工作，并提出诸多宝贵意见。参与调查的有建德市文物保护管理所施凤伟、李锦坤和杭州市文物考古研究所杨金东、何国伟、王征宇。其中，报告文字部分由尧志刚执笔负责，野外测绘工作由李锦坤完成，现场照片由尧志刚拍摄。参与室内整理的有建德市文物保护管理所施凤伟，杭州市文物考古研究所何国伟、梁宝华、王征宇，吉林大学边疆考古研究中心硕士研究生赵李博、胡品、郝军军。其中，器物图由何国伟绘制，器物照片由何国伟、尧志刚共同拍摄。

遠古德窯址

区域历史地理概述

建德市

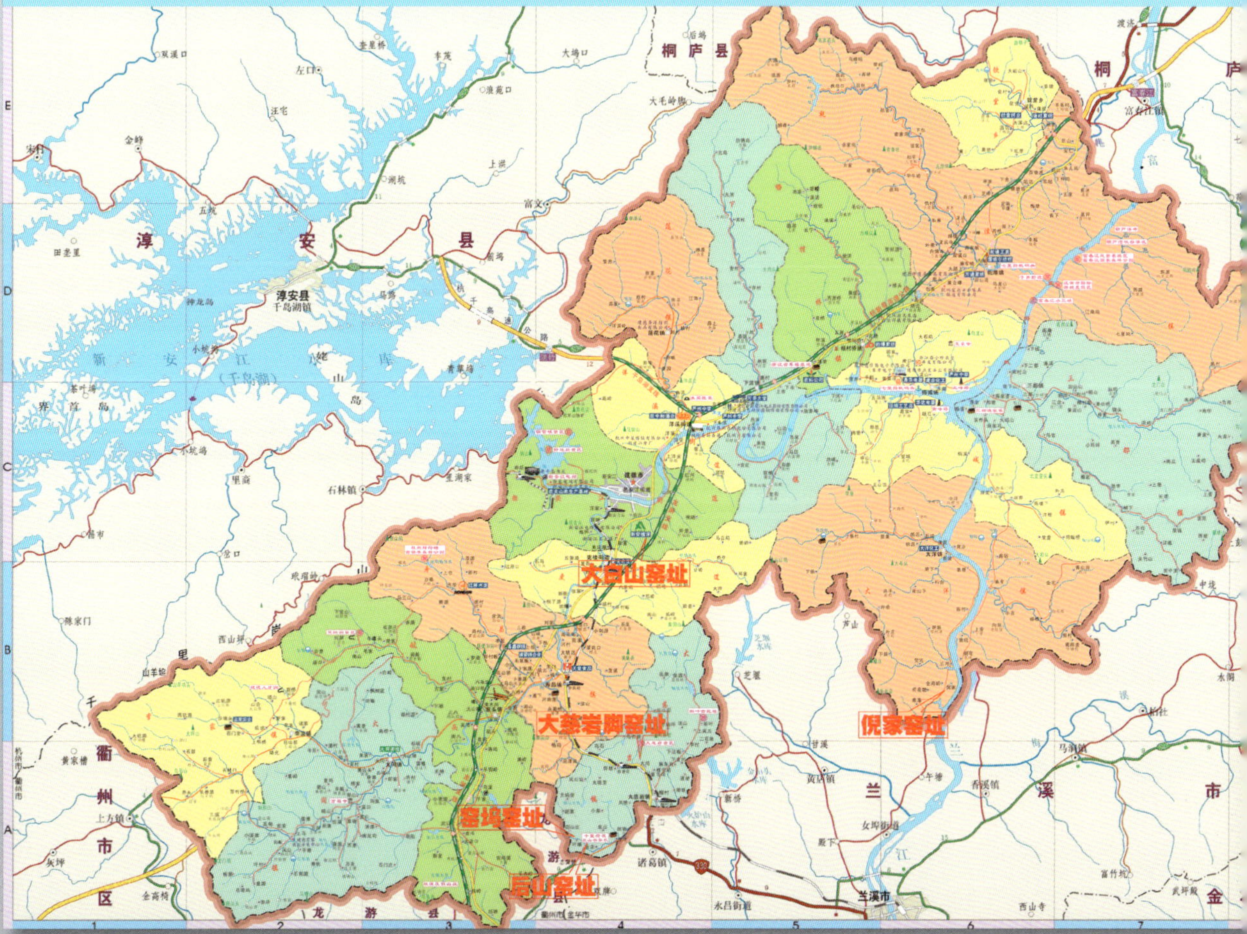

第二章　区域历史地理概述

建德市现辖3个街道、12个镇和1个乡。街道为洋溪街道、更楼街道和新安江街道，其中，新安江街道为市政府所在地。乡镇有梅城镇、下涯镇、杨村桥镇、乾潭镇、三都镇、寿昌镇、大同镇、航头镇、李家镇、大洋镇、莲花镇、大慈岩镇和钦堂乡。发现的5处窑址分属新安江街道、大慈岩镇和大洋镇。

第一节　历史沿革

今之建德市春秋时应属吴、越国之地，秦王政二十五年（公元前222年）于吴、越之地置会稽郡（郡治在今江苏吴县）后，属会稽郡富春县，汉因之。[①]

建德置县应始于三国时，吴黄武四年（225），分富春地置建德县。[②]据推测，建德县之名或因建德侯而来。《三国志·吴志》“孙韶”传中记载：“孙韶字公礼……权（孙权）为吴王，迁扬威将军，封建德侯。”[③]《太平寰宇记》中记载：“建德县，……吴黄武四年分富春县之地置，吴郡以封孙皓为侯。”[④]孙权为吴王是在魏文帝黄初二年（221），即孙韶封建德侯这一年。[⑤]孙韶封建德侯是公元221年，建德置县是公元225年，孙韶的故乡在建德，原建德县的辖地是孙韶的封地，取建德之名以寓建功立德之意。

三国吴黄武四年（225）所置建德县县城，今梅城。同年，又分富春置新昌县，县城在今大同。两县均属吴郡。晋太康元年（280），新昌县更名寿昌县，寿昌之名自此始。自西晋至南朝的宋、齐两代，建德、寿昌仍属吴郡。梁普通二年（521），寿昌改属新安郡，陈时同。梁普通年间，建德划归金华郡，陈时仍旧。

隋开皇九年（589），寿昌并入新安县（今淳安）；建德并入金华县，改置为吴宁县，为婺州治。两县均属婺州。仁寿三年（603），以新安故城置睦州，治新安县。大业三年（607），改睦州为遂安郡，改新安县为雉山县，仍为郡治。唐武德四年（621），复遂安郡为睦州；在桐庐置严州。分金华复置建德县，属严州。武德七年（624），废严州，又析建德并入桐庐、

①谭其骧《中国历史地图集》，中国地图出版社，1996年。

②唐·李吉甫《元和郡县志》卷二十六《江南道》；后晋·刘昫《旧唐书》卷四十志第二十《地理三·江南道七·江南东道》。

③晋·陈寿《三国志·吴志》卷六《孙静·孙贲·孙辅·孙翊·孙匡·孙韶·孙桓》。

④宋·乐史《太平寰宇记》卷九十五《江南东道七·睦州》。

⑤晋·陈寿《三国志·吴志》卷二《孙权》。

雉山两县，属睦州。永淳二年（683）复置建德县，属睦州。神功元年（697），睦州治由雉山移建德，建德为州治始此。永昌元年（689）复置寿昌县，属睦州，旋又废。神龙元年（705）再置，属睦州。五代，建德、寿昌隶睦州，属吴越国。建德仍为睦州治所。北宋因之。宣和三年（1121）改睦州为严州，建德、寿昌隶属不变。南宋咸淳元年（1265）升严州为建德府，建德、寿昌属之，建德为府治。元至元十四年（1277）改建德府为建德路，路治建德，寿昌仍为所属。明初改建德路为建安府。洪武八年（1375）又改为严州府，府治建德，下领建德、寿昌、桐庐、分水、遂安、淳安六县。

清宣统三年（1911）十月，废旧府制，设立严州军政分府，建德、寿昌属之，建德为府治。

民国元年（1912）十月，严州军政分府废。民国三年（1914），在衢县设金华道，建德、寿昌属之。民国十六年（1927），废道制，建德、寿昌直属浙江省。民国二十年（1931），设立第六行政督察区，建德、寿昌属之。民国二十二年（1933）十月六日，专员办事处设建德。民国二十四年（1935）九月，在兰溪设立第四行政督察区，建德属之；在衢县设立第五行政督察区，寿昌属之。民国三十二年（1943）九月一日，增设第十一行政督察区，建德、寿昌属之。专员公署始设淳安，后移建德。民国三十六年（1947）五月，撤销第十一行政督察区，建德、寿昌直属浙江省。民国三十七年（1948）四月，两县又属设署于淳安的第四行政督察区。

1949年5月5日，建德、寿昌相继解放。同月设立第四专署，后改建德专区，建德、寿昌属之。1950年3月22日，撤销建德专署，建德、寿昌改属金华专署。1955年3月31日，重设建德专署，建德、寿昌回属。1957年1月，为适应新安江水电站建设需要，

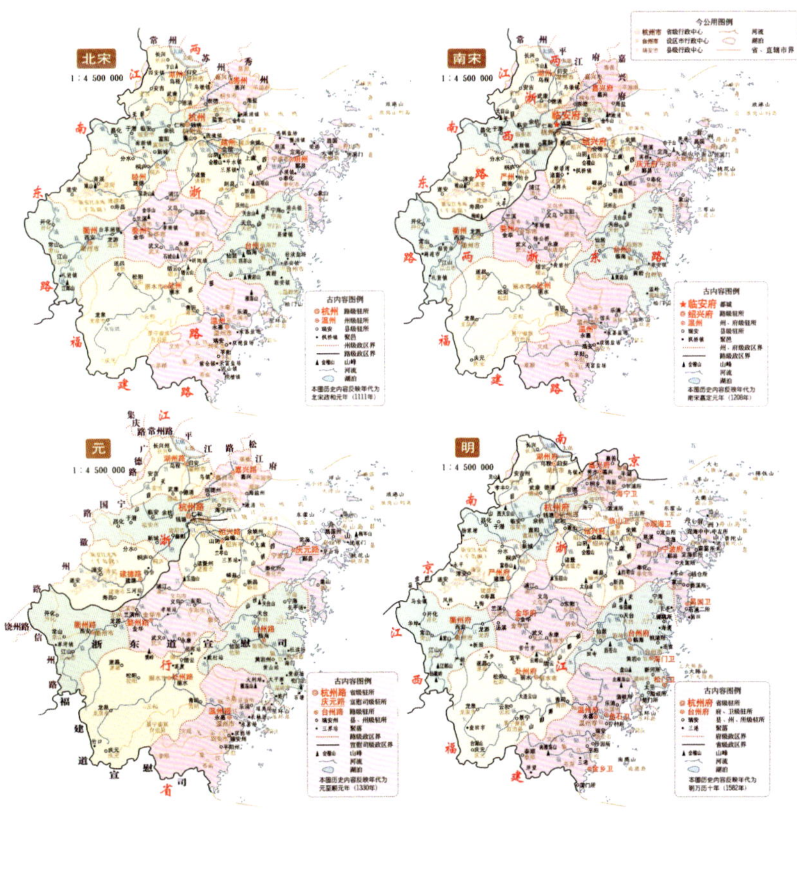

图2—1

分建德县地置相当县一级的新安江区，直属建德专署。1958年3月31日，新安江区改为新安江镇，隶建德县。11月21日，撤销寿昌县，并入建德县。1959年4月，撤销建德专署，建德县划属金华专署。1960年8月，县城由梅城镇移白沙镇（今新安江街道）。1963年5月16日，建德县划属杭州市，至今。[①]1992年4月1日，建德撤县置市，市治新安江镇（今新安江街道）。（图2–1宋至明时期建德与浙江历史沿革图）

第二节　地理环境

建德市地处浙江省西部，钱塘江上游，浙西丘陵山地与金衢盆地毗连处，地表以分割破碎的低山丘陵为特色，大部分地区地质构造属钱塘江凹槽带，山岭属天目山、千里岗和龙门山系。千米以上主峰有12座，主要分布在境域西北和东南。山脉大致呈北东—西南走向。整个地势为西北和东南两边高、中间低，自西南向东北倾斜。水系由周边向中间汇集，主要河流由西南流向东北，与山脉走向基本一致。[②]（图2–2建德市山脉水系分布图）

境域山地和丘陵占全市总面积的88.6%。北部和西部山岭由古生代到新生代的砂岩、石灰岩和页岩等组成，侵蚀明显，切割较深，山势陡峻，相对高差达400～600米，坡度常为30～40度。南部为200米以下的丘陵，地势平缓，坡形浑圆，坡度一般在15度以下，谷地也较开阔。海拔50米以下的平原215平方公里，占全市总面积的9.4%。河谷平原主要分布在新安江、寿昌溪及兰江两岸，土地肥沃，排灌条件良好。[③]

建德市境域水系属钱塘江流域，有新安江、兰江、富春江3条干流及寿昌溪等38条中小溪流。

新安江，其上游为安徽省境内的率水，至歙县始称新安江。新安江由街口镇流入浙江省淳安境内，至建德梅城与兰江汇合后连接富春江。新安江旧名徽港、青溪、歙港，流域面积为11047平方公里，主流长365公里，其中在杭州市内的流域面积为5718平方公里，河段长128公里。

兰江，为钱塘江最大支流（一说衢江、兰江为钱塘江干流）。源于安徽省休宁县青芝埭尖的北坡，上源称马金溪，下接常山港，与江山港汇合后称衢江，沿途接纳乌溪江、芝溪、灵山港等溪流，至兰溪与金华江汇合后称兰江，自南向北流，至建德三河乡入杭州市境内，经麻车、大洋、洋尾、南峰，在梅城与新安江汇合。兰江流域面积19350平方公里，主流长300公里，其中在建德的流域面积419平方公里，河段长23.5公里。

富春江，兰江与新安江在梅城汇合后称富春江，下至富阳，连接钱塘江，建德境内河段长19.3公里。其中梅城以下乌石滩至桐庐南泷口称七里泷，这里原先江面狭窄，两岸峻峭，水深流

①建德县志编纂委员会《建德县志》，浙江人民出版社，1986年。
②《浙江省地图集》编纂委员会《浙江省地图集》，中国地图出版社，2008年。
③建德县志编纂委员会《建德县志》，浙江人民出版社，1986年。

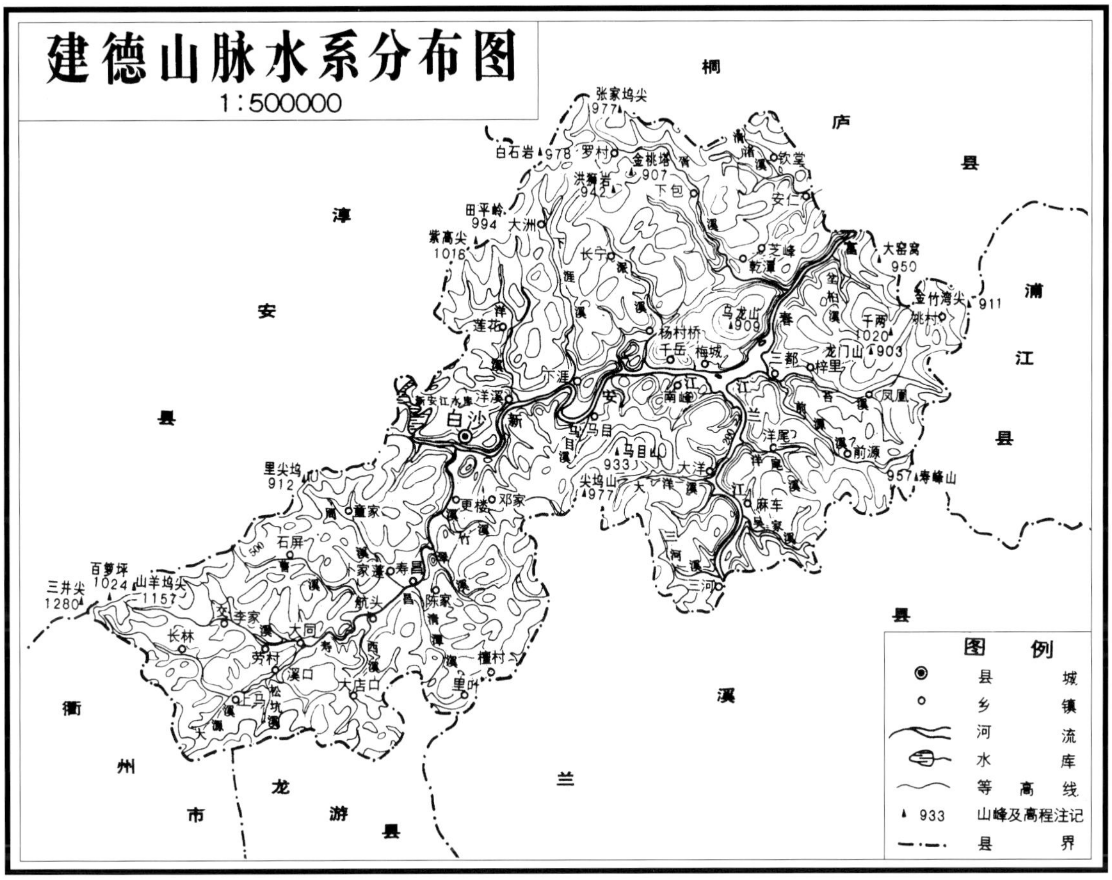

图2—2

急。1968年在七里泷峡谷口建成富春江水电站水库，正常高水位23米，相应库容4.4亿立方米，水域面积56平方公里。水库蓄水后七里泷江宽流缓，部分河道也成了富春江水库库区。

寿昌溪，源于建德李家镇长林大坑源村，水流经过上马、大同与芳村溪汇合，至航头镇颜公桥纳小江溪、乌龙溪，至寿昌镇宋公桥有童家溪汇入，至黄泥墩与甘溪合并后于罗桐埠注入新安江。流域面积691平方公里，主流长64公里，流域植被复盖较差、水土流失严重，洪水期江水黄浊。[①]

建德属亚热带北缘季风气候，温暖湿润，雨量充沛，四季分明，年平均气温17.4℃，年均总降水量1600毫米，日照充足，年均日照总时数为1760小时。由于新安江水电站的建成，形成了建德冬暖夏凉的宜人小气候。[②]

---

①杭州市地方志编纂委员会《杭州市志》，中华书局，1995年。

②建德县志编纂委员会《建德县志》，浙江人民出版社，1986年。

第三节　古代窑业生产

有关今建德市境内古代窑业生产的记载，未见明确且直接的文字描述。

通过对《建德县地名志》和建德市区域地理图中有关地名的查找与分析，我们发现今建德市境内带“坞”、“塘”的地名频繁出现。坞是指四面高中间凹下的地方；塘是指水池。此类地理条件，在南方比较适合建窑烧造陶瓷器，如大白山窑址在高塘坞，大慈岩脚窑址在排塘，窑坞窑址在窑坞，后山窑址在梅塘坞。

杭州市境内适合烧造瓷器的高岭土矿，主要分布在富阳、建德等地，成因类型多样。有远景的小型矿床为建德石马头陆相（河湖相）沉积型高岭土矿，原岩为含炭泥质岩，矿石矿物主要为高岭土，其次是叶蜡石，含量60%～90%，矿层质量好，但厚度较小。[①]另据民国《建德县志》记载，境内产陶土。[②]（图2–3《建德县志》所记“陶土”）

地形、地貌条件的吻合和原材料的供应，是建德建窑烧造陶瓷器的重要前提。

在今建德市境内，带“窑”字或可能与烧造陶瓷器有关的地名有：1.洋溪街道洋安行政村窑上村；2.更楼街道桥岭行政村窑坞村；3.乾潭镇新程行政村缸窑坞村；4.杨村桥镇绪塘行政村窑棚里村；5.大洋镇青源行政村炭窑基村；6.寿昌镇绿荷塘行政村灰灶后村；7.寿昌镇红路行政村缸家垄村和窑上村；8.大慈岩镇陈店行政村窑口村；9.大同镇永盛行政村瓦蓬里村；10.大同镇大同行政村新灶坪村；11.大同镇黄家行政村炭灶垄村等。根据《建德县地名志》的记载，除5、6、10、11几处曾烧造炭或石灰外，其余各窑所烧均为陶、瓷器，包括砖、瓦、缸等。后山窑址即发现于大慈岩镇陈店行政村窑口村。

窑业生产地址的选择，除需满足地形、地貌、水源和瓷土原料等条件外，交通条件和市场需求对窑业生产的形成与发展亦具有重要作用。各窑址与新安江、兰江关系密切，大白山窑址邻近寿昌溪与新安江，倪家窑址邻近兰江中部，而大慈岩脚窑址、窑坞窑址和后山窑址均位于溪沟附近，这些溪沟经赤溪汇入衢江（兰江上游支流）。发现的这些窑址，其产品通过水路向外销售，便捷可行。

由宋迄清历代，均以建德为严州（建德）府（路）治所所在，而梅城古镇则已有千余年历史，位于新安江和兰江汇入富春江处，水上交通极为便利，在古代建德境内瓷器等各类物产外销中具有重要地位。[③]

---

①杭州市地方志编纂委员会《杭州市志》，中华书局，1995年。

②民国《建德县志》卷二《地理·物产》。

③建德市政协《严州古城——梅城》，中华书局，2004年。

造巖卝物

石英類 水晶 貓睛石 蛋白石 翡翠 瑪瑙

燧石 碧玉

長石類 正長石 斜長石 陶土 青碧石 以大陽山爲佳近已入手開採

雲母類 白雲母 黑雲母 紅雲母 綠雲母

角閃及輝石 角閃石 陽起石 輝石 古銅石

金色類 金色石 滑石 蛇紋石 綠泥石

鈣石類 方解石 石膏 燐灰石 螢石

石榴石 褐石榴石 紅石榴石

玉石類 鋼玉石 黃玉石 綠柱石 電氣石

巖

火成巖 花崗巖 閃綠巖 輝綠巖 粗面巖

图2—3

建吉德窯址

窑址

第三章　窑　址

大白山窑址、大慈岩脚窑址、窑坞窑址、后山窑址和倪家窑址均位于溪流附近、低山丘陵缓坡处。各窑窑炉遗迹均应为龙窑，所发现产品均属青瓷，产品以日常生活用具为主。

第一节　大白山窑址

大白山窑址位于新安江街道章家村高塘坞大白山西南坡，编号2009JXD（其中：J-建德市，X-新安江街道，D-大白山）。窑址所在处为山脚缓坡和平地，南侧有山间溪流流经，该溪流向东汇入新安江，西北侧有一近椭圆形水塘，平地处为田地及农宅。（图3-1大白山窑址位置图）经实地调查，我们推测窑床遗迹应位于山体缓坡处，而作坊遗迹应主要位于平地处。目前，周边未发现瓷土原料采集点。

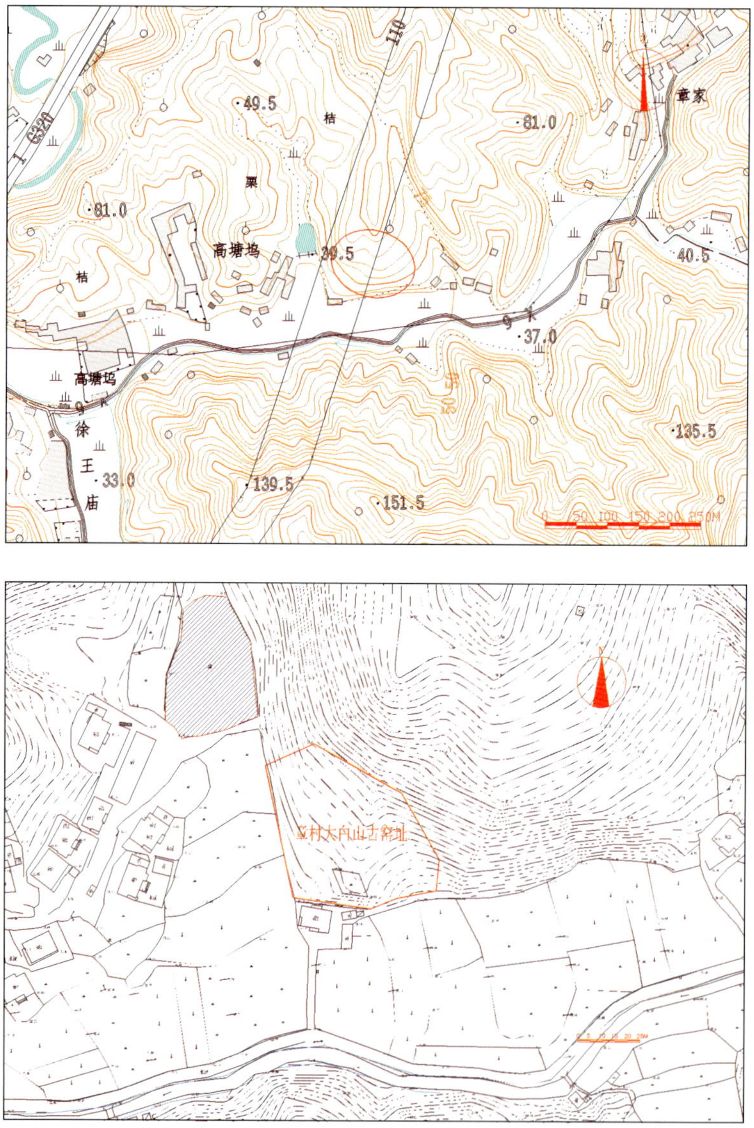

图3－1

一、堆积状况

窑址文化堆积面积约3000余平方米，堆积厚度0.5—2.5米，随处可见散落在地表的青瓷及匣钵等残片（图3-2堆积断面）。窑址所在处西南向山坡大致呈中间低两边高顺势向下的缓坡，据当地年长村民回忆口述，得知窑炉残迹（火膛、烟道等）原有两处，大致呈西南—东北走向，窑床并排。地表可见

图3—2

多处隆起的瓷片、窑具堆积，这些堆积应是当地村民出于耕作的需要，捡拾聚集而成。通过对现有几处断面的观察，我们发现窑址所在处的缓坡，两侧堆积明显厚于中间，因而两侧应是该窑废品堆积的主要场所。

作坊遗迹因被现代建筑覆盖，其文化层堆积状况不明。因近年来村民在窑址处建房挖土所形成的二次堆积，在窑址附近未发现，据称已运往他处。

二、产品及其特征

（一）产品

采集青瓷残件（片）共111件，器形包括碗、盏、盘、水盂和烛台。其中碗残件56件，盏残件9件，盘残件7件，水盂和烛台残件各1件，以及不明器形口腹残片21件、腹片16件。

碗

侈口碗

标本2009JXD采集：13，可复原。侈口，尖唇，弧腹，内底较平，压圈明显，圈足稍外撇，挖足较浅。灰胎，胎质细腻，可见细小气孔。釉色灰青，从残存底足部看，应施满釉，且足底刮釉。腹外壁分段刻划折扇纹，较密，上腹部外壁刻一周凹线纹，内壁刻划花卉纹，间划篦纹。高5.8、口径15.4、足径5.4、足高0.9厘米。

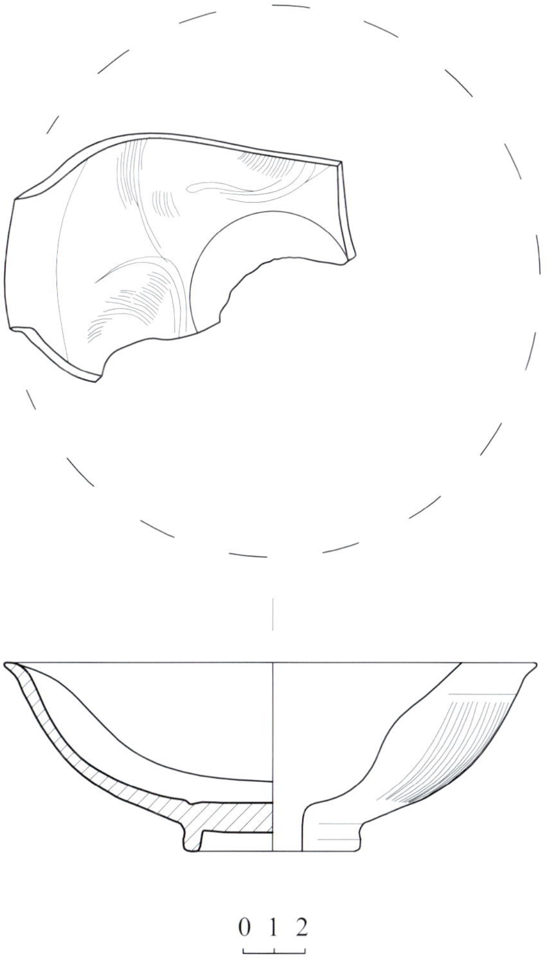
0 1 2

标本2009JXD采集：7，可复原。侈口，尖圆唇，口唇部粘有少量窑渣，斜弧腹，内底较平，压圈，圈足稍内敛，挖足，腹足连续处和足跟部经修削。灰胎，胎质细腻，可见细小气孔。釉色青灰偏黄，施釉未及底。腹外壁刻折扇纹，较密，腹内壁刻划花卉纹，间划篦纹，上腹部内壁划凹线纹。高7.0、口径15.4、足径5.2、足高0.9厘米。

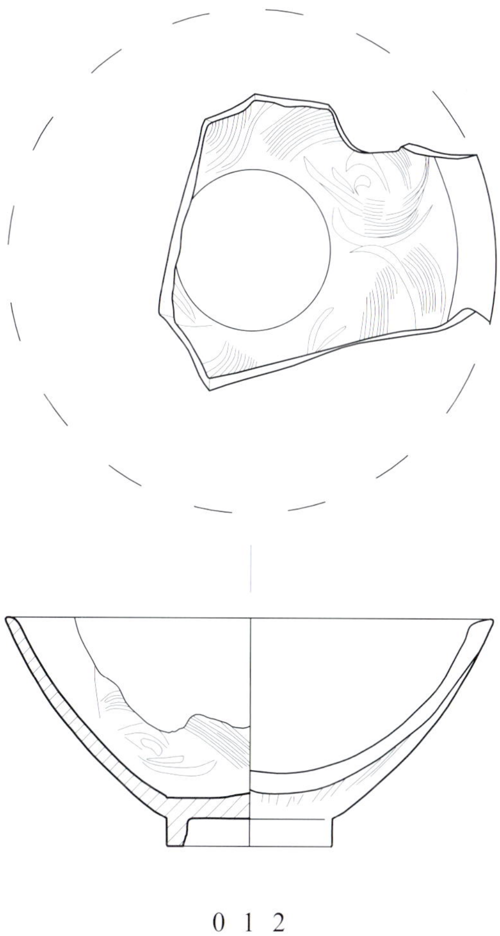
0 1 2

标本2009JXD采集：9，可复原。侈口，圆唇，斜弧腹，内底较平，圈足稍内敛，挖足，足底平。灰黄胎，胎质较细，可见细小气孔。釉色青黄、乳浊，欠烧，施釉未及底，釉面可见较多芒眼。腹外壁刻折扇纹，腹内壁刻划花卉纹，间划篦纹，纹路欠清晰。高7.3、口径15.4、足径5.0、足高0.9厘米。

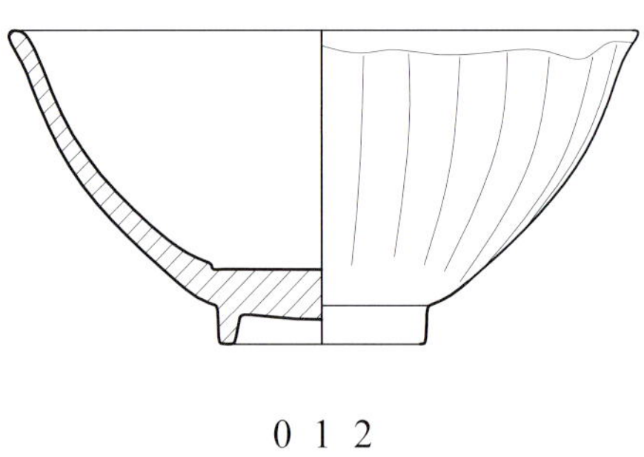

碗残件

标本2009JXD采集：23，口腹残件。侈口，尖圆唇，弧腹。灰胎，胎质细腻，可见细小气孔。釉色青灰中略泛黄，有开片，口沿处开片较细碎。腹外壁刻折扇纹，内壁划篦纹，较深，口腹连续处外壁划一周细凹线纹。残高5.4、口径7.0厘米。

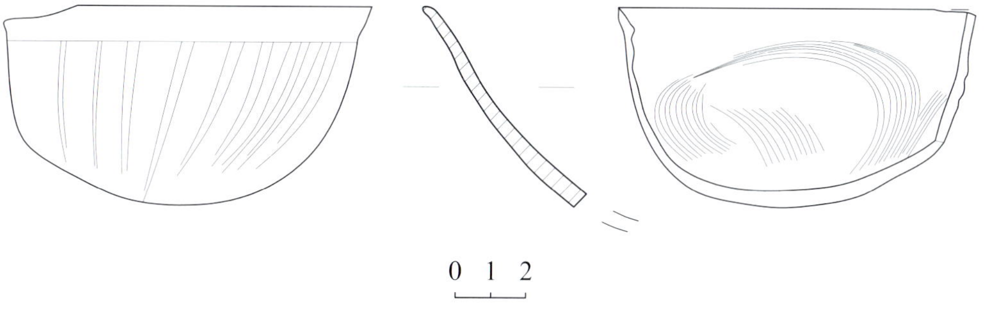

标本2009JXD采集：24，口腹残件。侈口，圆唇，斜弧腹。灰胎，胎质细腻，可见零星细小气孔。釉色灰青偏黄，开片细碎。腹外壁刻折扇纹，外壁口腹连续处和下腹部划一周细线纹，内壁篦划花卉纹。残高5.7、口径7.8厘米。

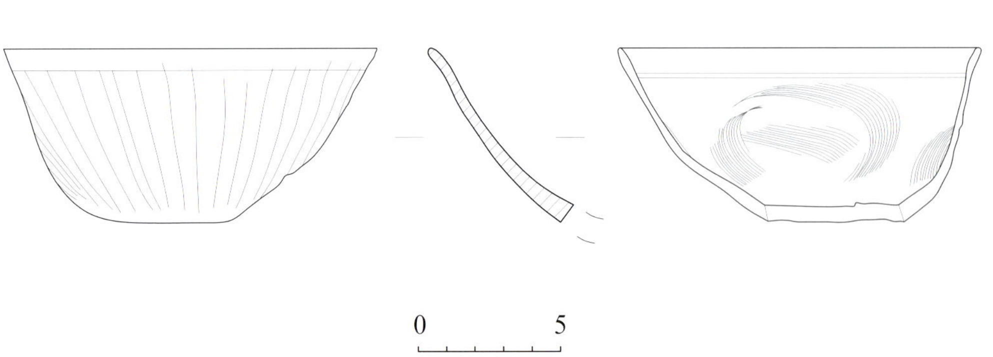

标本2009JXD采集：33，口腹残件。口微侈，圆唇，弧腹。灰胎，胎质细腻，可见较多细小气孔。釉色青绿，有细碎开片。腹外壁刻折扇纹，刻痕深、宽，内壁刻划花卉纹，间划篦纹。残高4.9、口径10.0厘米。

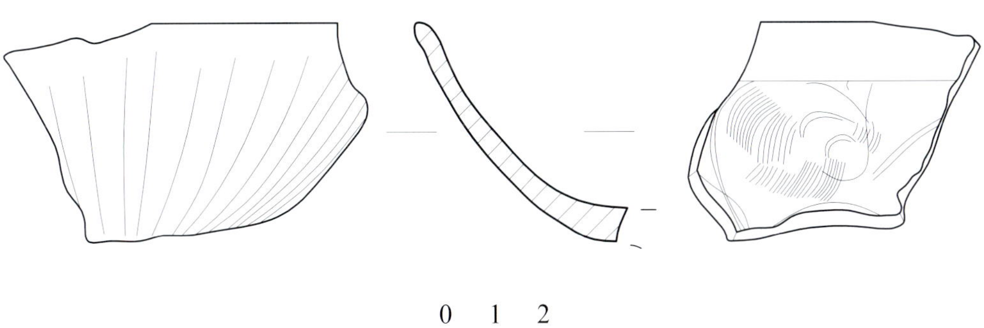

标本2009JXD采集：28，口腹残件。口微侈，尖圆唇，弧腹。灰胎，胎质细腻，可见零星细小气孔。釉色灰青泛黄，开片极细碎。腹外壁刻折扇纹，较密，内壁刻划花卉纹，间划篦纹，上腹部内壁划一周凹线纹。残高5.0、残长7.0、残宽6.4、残存口沿宽2.4厘米。

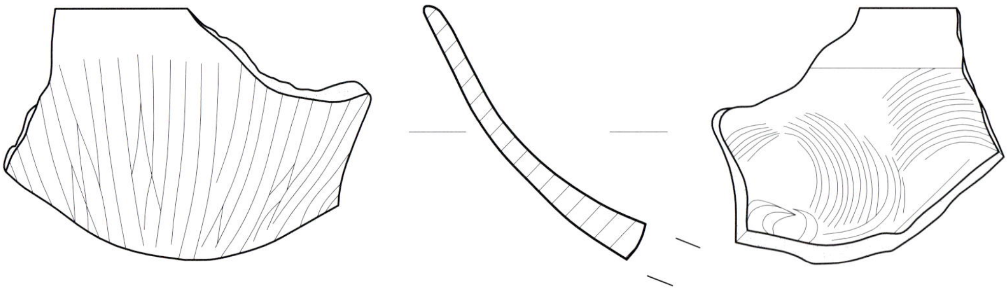

0 1 2

标本2009JXD采集：31，口腹残件。敞口，尖圆唇，斜弧腹。深灰胎，胎质细腻，可见零星细小气孔。釉色灰青泛白。腹外壁刻折扇纹，较密，内壁篦划花纹，上腹部内壁划一周凹线纹。残长4.3、残宽4.1厘米。

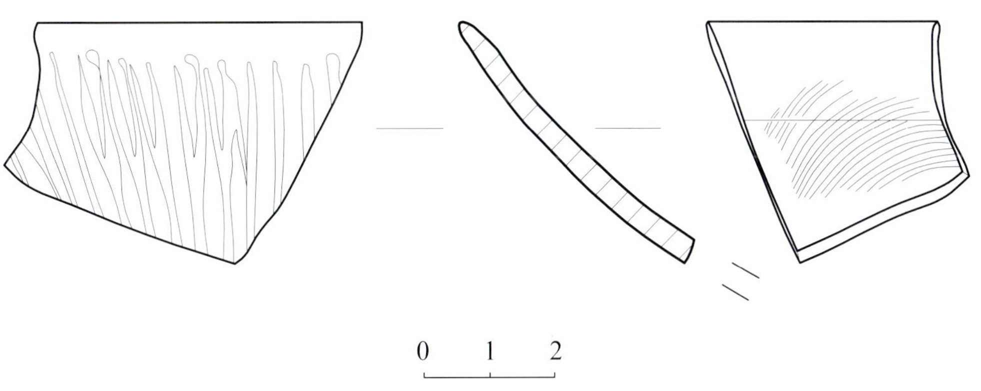

标本2009JXD采集：65，口腹残件。侈口，尖圆唇，斜弧腹。浅灰胎，胎质细腻，可见细小气孔。青褐色釉，釉面有细小开片。腹内壁刻划花卉纹，间划篦纹。残高4、残宽7.1厘米。

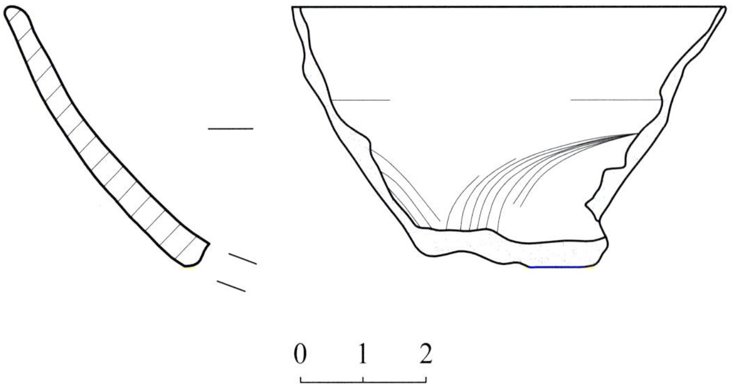

标本2009JXD采集：66，口腹残件。侈口，尖唇，斜弧腹。红褐胎，胎质细腻，夹杂细小颗粒。青褐釉偏绿，釉面有大量气孔。腹外壁刻折扇纹，数道弦纹与之相交，形成网格状纹，内壁刻划花卉纹，间划篦纹。残高5.7、残宽8.2厘米。

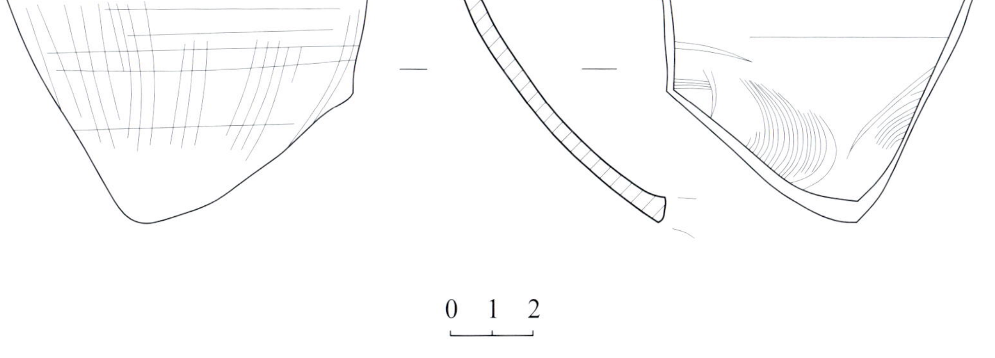

标本2009JXD采集：37，腹底残件。弧腹，内底较平，底心微上凸，圈足外壁微内敛，挖足欠规整，腹足连续处修削明显。灰胎，胎质细腻，可见零星细小气孔。釉色青绿偏灰，施釉未及底。腹外壁刻折扇纹，刻痕较浅。内壁刻划花卉，间划篦纹。残高5.2、足径5.7、足高1.2—1.4厘米。

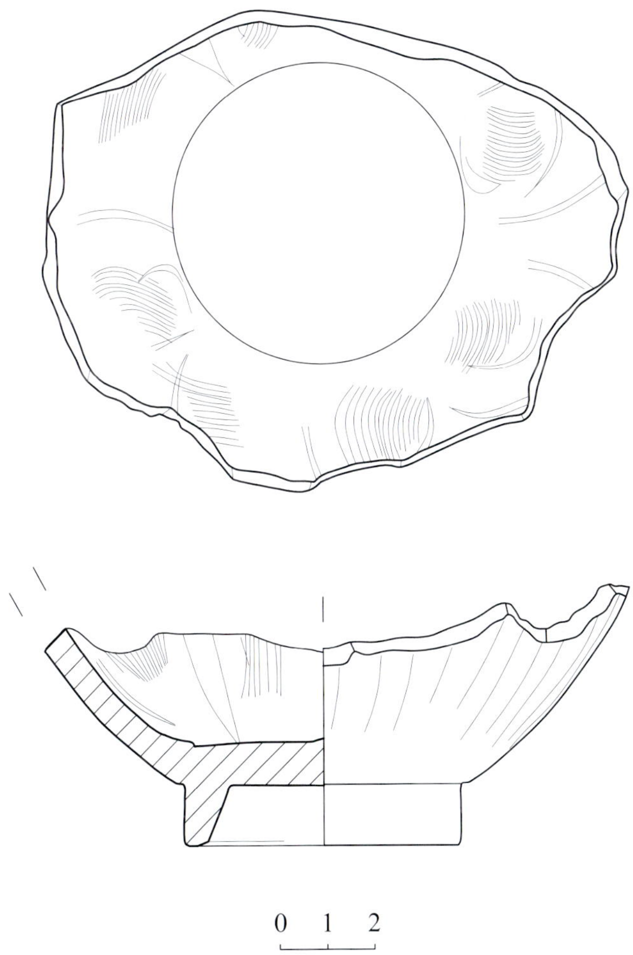
0 1 2

标本2009JXD采集：18，腹底残件。斜弧腹，内底平，圈足内敛，挖足，足底平，外底心下凸，腹足连续处修削明显。灰胎，胎质细腻，可见细小气孔，底部较多。釉色浅青灰泛黄，外壁施釉不匀，未及底。腹外壁刻折扇纹，内壁刻划花卉纹，间划篦纹。残高3.2、足径5.0、足高0.8厘米。

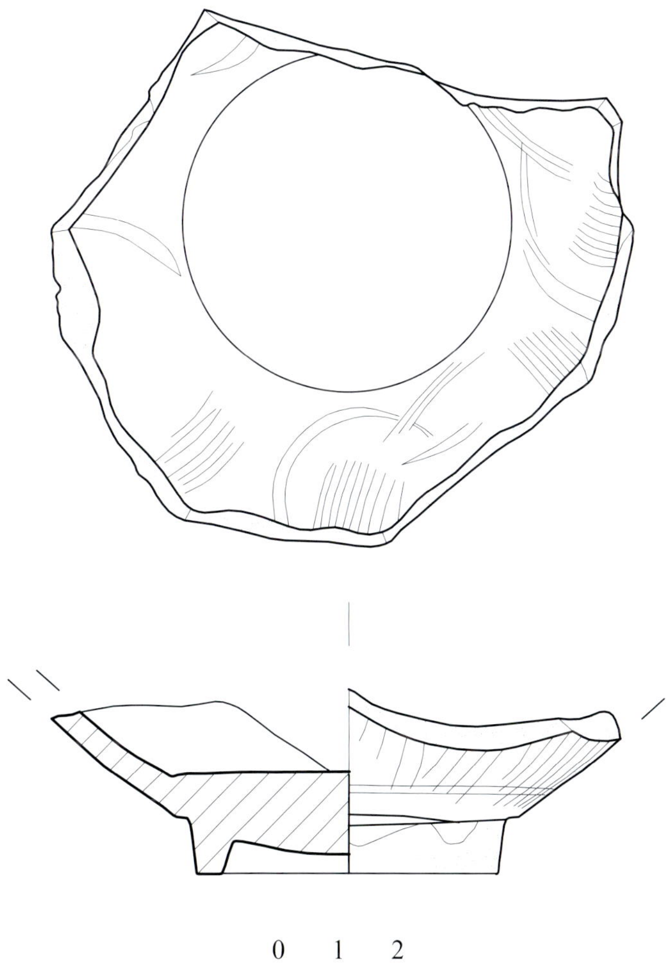

标本2009JXD采集：11，腹底残件。斜弧腹，内底较平，底心微上凸，圈足外壁直，挖足。灰胎，胎质细腻，可见稀疏细小气孔。釉色粉青偏绿，施釉未及底。腹外壁刻折扇纹，较浅，内壁刻划花卉纹，间划篦纹，内底刻菊花纹。残高5.2、足径5.6、足高1.1厘米。

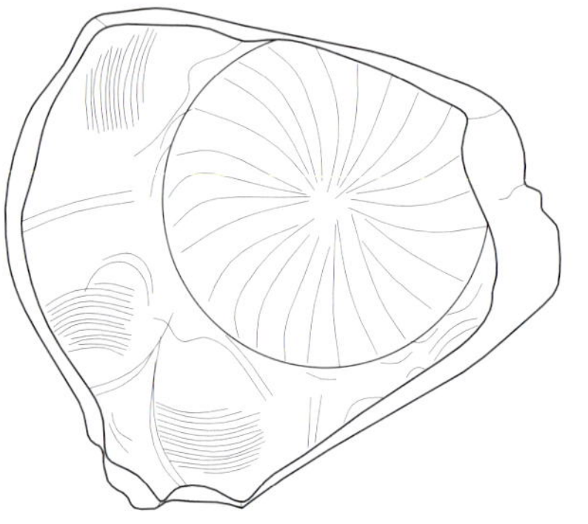

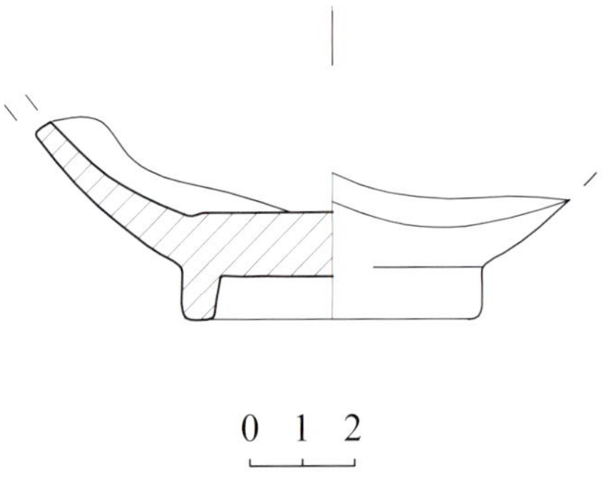

标本2009JXD采集：15，腹底残件。弧腹，内底较平，底心上凸，圈足稍内敛，挖足。灰胎，胎质细腻，可见稀疏细小气孔。釉色灰黄，欠烧，施釉未及底。腹外壁刻折扇纹，内壁刻划花卉纹，间划篦纹。残高4.9、足径5.2、足高1.2厘米。

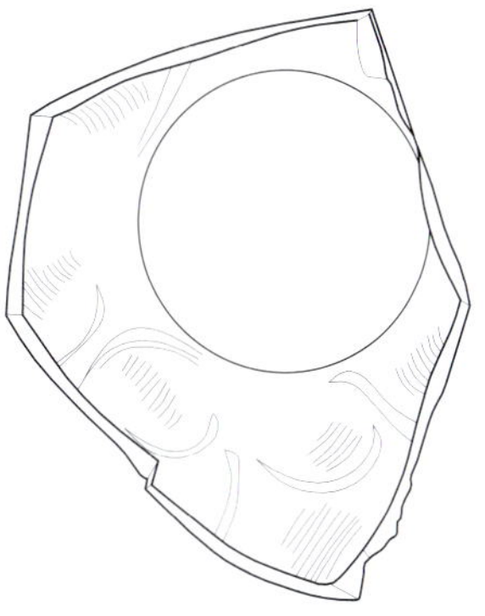

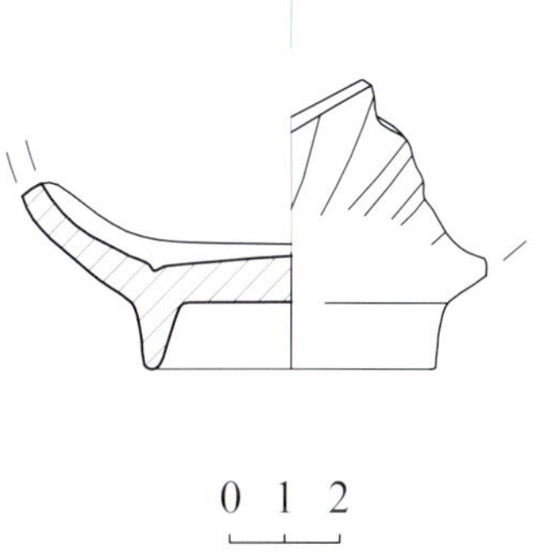

标本2009JXD采集：14，腹底残件。斜弧腹，内底较平，底心微上凸，圈足微内敛，挖足欠规整，腹足连续处修削明显。灰胎，胎质细腻，可见零星细小气孔。釉色粉青，施釉未及底。腹外壁刻折扇纹，外壁下腹部划一周细线纹，内壁划篦纹。残高2.4、足径5.3、足高0.9厘米。

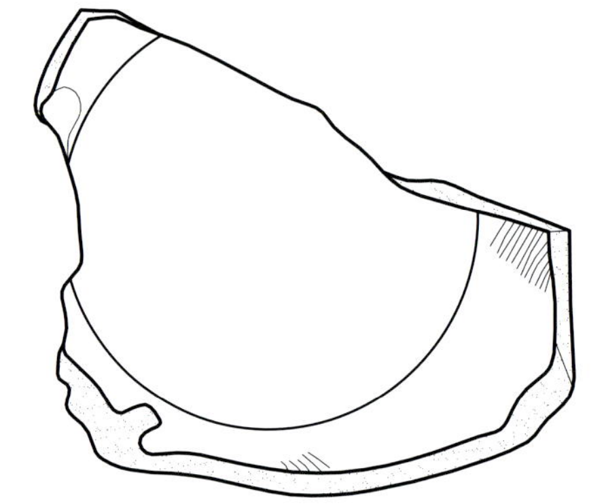

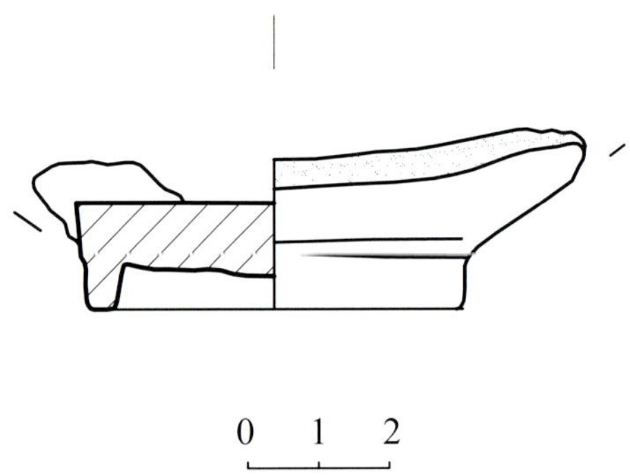

标本2009JXD采集：12，腹底残件。斜弧腹，内底较平，底心微上凸，圈足足壁直，挖足，腹足连续处经修削，外底心稍下凸，外底近圈足处可见一圈垫烧痕。灰胎，胎质细腻，可见零星细小气孔。釉色青绿偏灰，施釉未及底。腹外壁刻折扇纹，刻痕清晰，内壁刻划花卉纹，间划篦纹。残高4.0、足径5.0、足高0.8厘米。

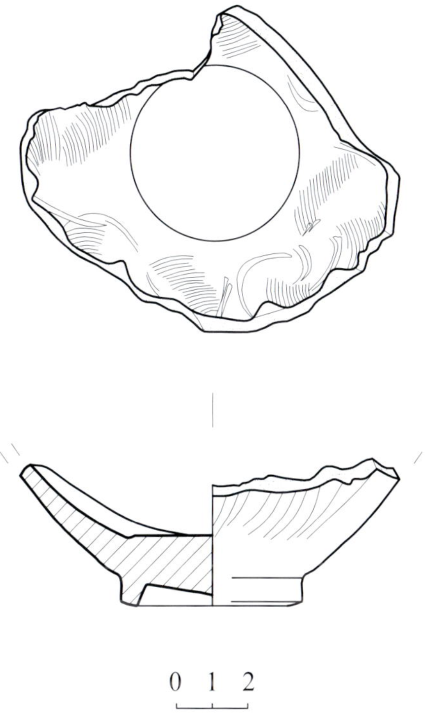

标本2009JXD采集：16，腹底残件。斜弧腹，内底可见轮旋痕，底心微上凸，圈足足壁直，挖足，足底平，腹足连续处修削明显。灰胎，胎质细腻，可见稀疏细小气孔。釉色青灰偏黄，施釉未及底。腹外壁刻折扇纹。残高2.6、足径5.4、足高1.0厘米。

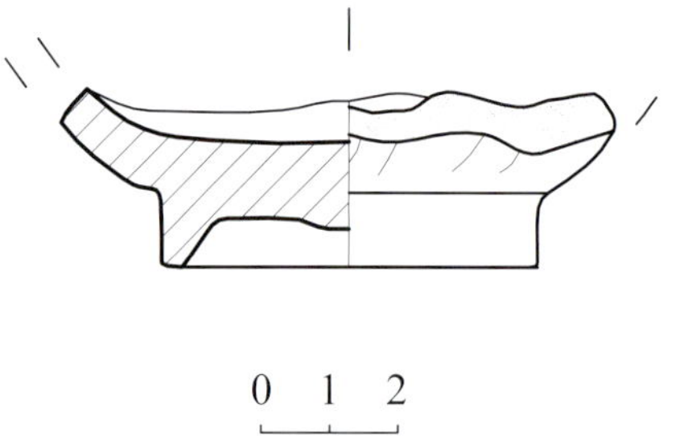

标本2009JXD采集：36，腹底残件。弧腹，内底较平，底心微上凸，圈足稍内敛，挖足，外底心微下凸，腹足连续处修削明显。灰黄胎，胎质细腻，可见零星细小气孔。釉色青褐泛白，有细小开片，施釉未及底。腹外壁刻折扇纹，内壁刻划花卉，间划篦纹。残高4.0、足径5.2、足高0.8厘米。

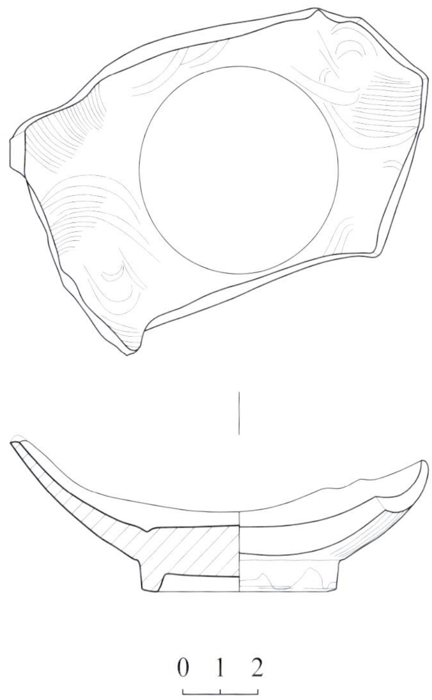

标本2009JXD采集：46，腹底残件。弧腹，底腹连续处内壁修圈，内底较平，圈足稍外撇，挖足较浅，外底下凸。浅灰胎，胎质细腻，可见零星细小气孔。釉色青灰偏黄，可见细碎开片，施釉未及底。腹外壁见有修削痕。残高3.3、足径3.7、足高0.6厘米。

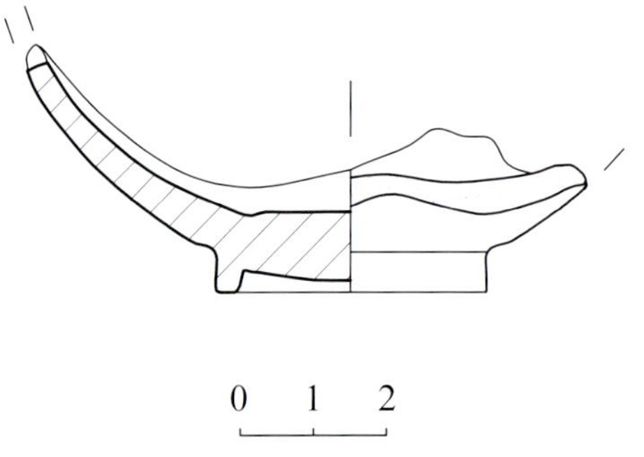

标本2009JXD采集：48，腹底残件。弧腹，压圈明显，内底心微上凸，圈足稍内敛，挖足较浅，外底心下凸，足跟部经修削。浅灰胎，胎质细腻，可见零星细小气孔。釉色青黄，泛黄白点，可见细碎开片，施釉未及底。腹外壁刻划折扇纹，较密，内壁刻划花卉纹，间划篦纹。碗内壁可见小片红色水沁痕。残高3.7、足径5.6、足高0.9厘米。

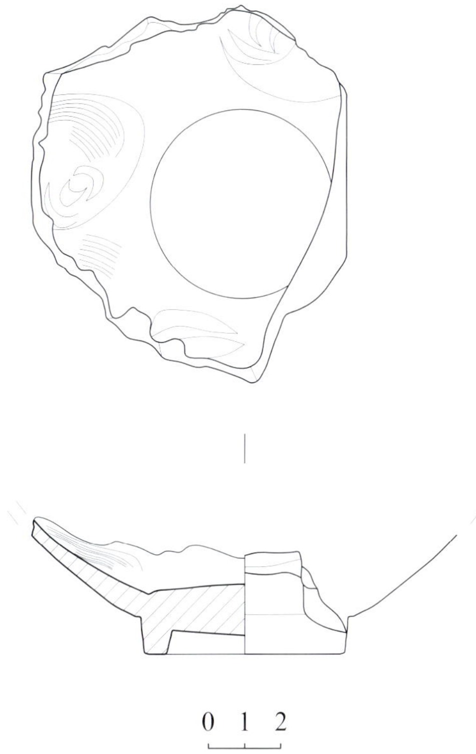

标本2009JXD采集：52，腹底残件。弧腹，压圈，内底心微上凸，圈足稍外撇，挖足，外底微下凸。灰胎，胎质细腻，可见细小气孔。釉色青灰，可见细碎开片，施釉未及底，足跟部有脱落。腹内外壁旋削痕明显。残高2.9、足径5.6、足高0.9厘米。

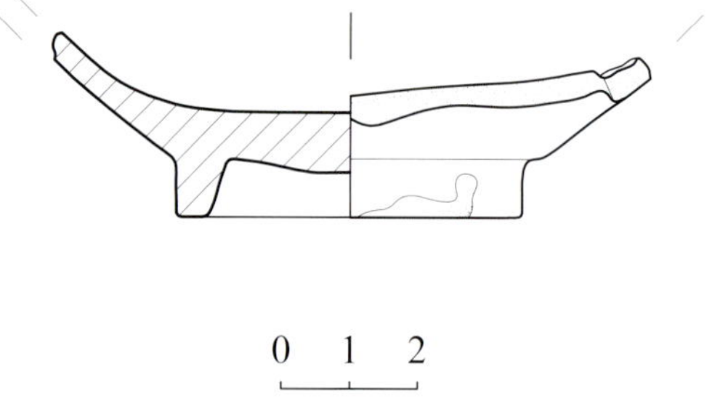

标本2009JXD采集：53，腹底残件。弧腹，底腹连续处内壁修圈，内底心微上凸，圈足较直，挖足较浅，足跟部经斜削，外底微下凸。浅灰胎，局部显褐色，胎质细腻，可见零星细小气孔。釉色青黄，施釉未及底。腹外壁刻划折扇纹，较密，内壁划篦纹。残高2.7、足径5.2、足高0.9厘米。

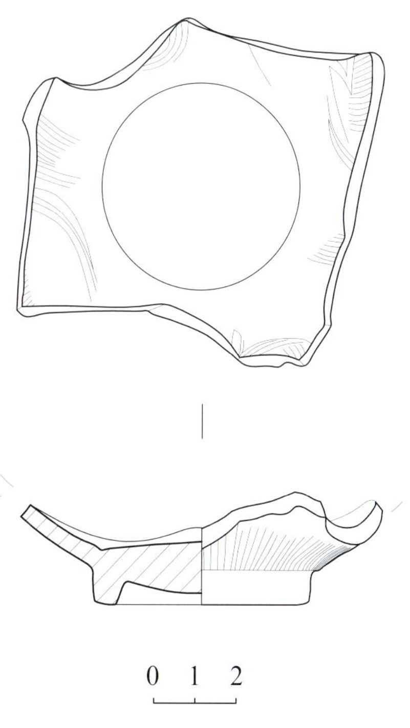

标本2009JXD采集：56，腹底残件。弧腹，内底较平，圈足稍内敛，挖足，圈足内底腹连续处修圈，外底较平。灰褐胎，胎质细腻，可见细小气孔。釉色青灰，泛黄白点，可见细碎开片，施釉未及底。腹外壁旋削痕不明显。碗内底散窑渣，外壁可见大片红色水沁痕。残高3.6、足径5.3、足高0.9厘米。

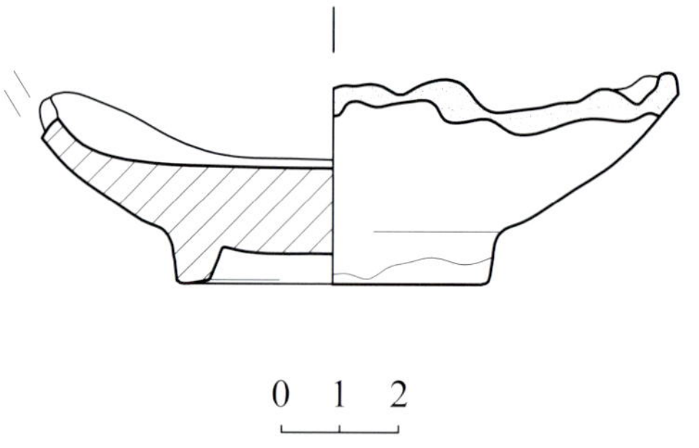

标本2009JXD采集：57，腹底残件。弧腹，压圈，内底较平，圈足稍外撇，挖足，足跟部经斜削，外底较平。浅灰胎，胎质细腻，可见稀疏细小气孔。釉色青黄，可见细碎开片，施釉未及底。外壁刻划折扇纹，内壁划篦纹。碗外底可见大片红色水沁痕及窑渣。残高3.3、足径5.7、足高0.8厘米。

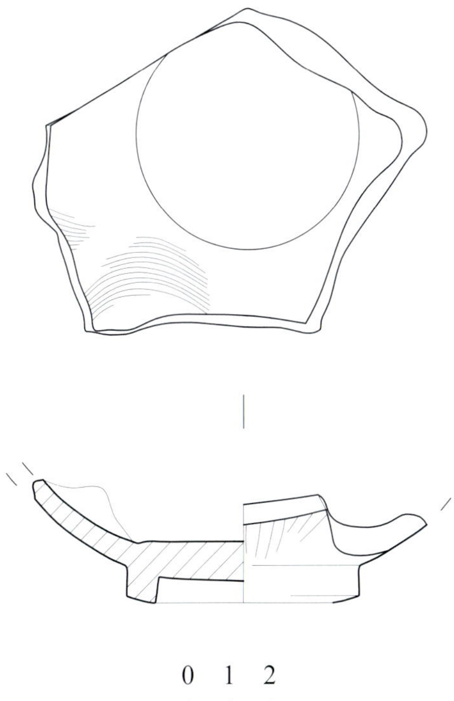

标本2009JXD采集：58，腹底残件。弧腹，压圈，内底较平，圈足稍外撇，挖足，外底微下凸。浅灰胎，胎质细腻，可见零星细小气孔。釉色浅青，夹杂密集白点，施釉未及底。外壁刻划折扇纹，较密，内壁划篦纹。碗外壁可见小片白色水渍，内壁粘连窑渣，断茬有烧黑痕。残高4.3、足径5.4、足高1.2厘米。

2009JXD采集:58

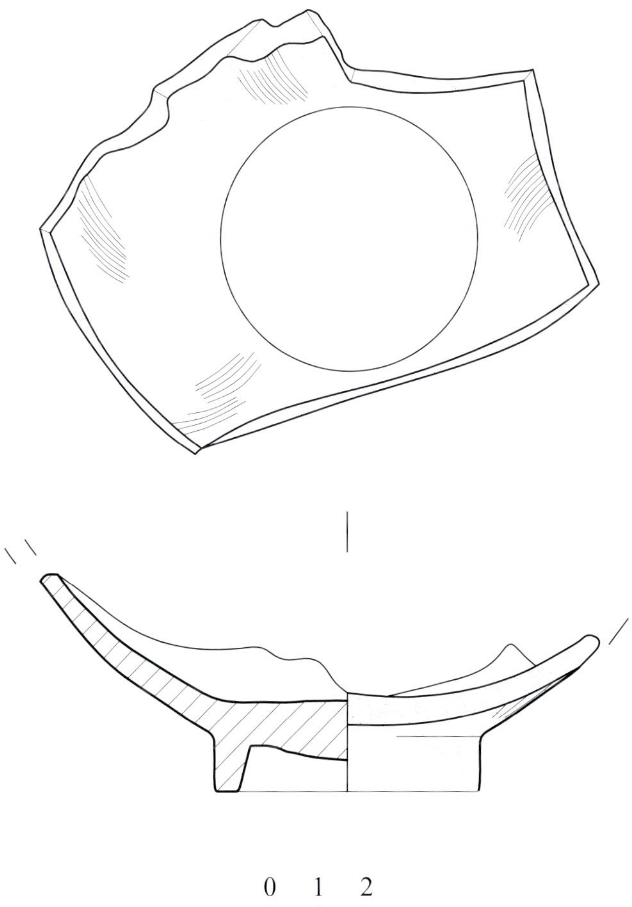
0 1 2

标本2009JXD采集：59，腹底残件。弧腹，压圈，内底较平，圈足稍外撇，挖足，外底微下凸。灰褐胎，质较粗，有气隙，夹白色细小颗粒。青褐色釉，施釉未及底，釉面散见气孔。下腹外壁可见旋削痕。残高2.6、足径4.1、足高0.9厘米。

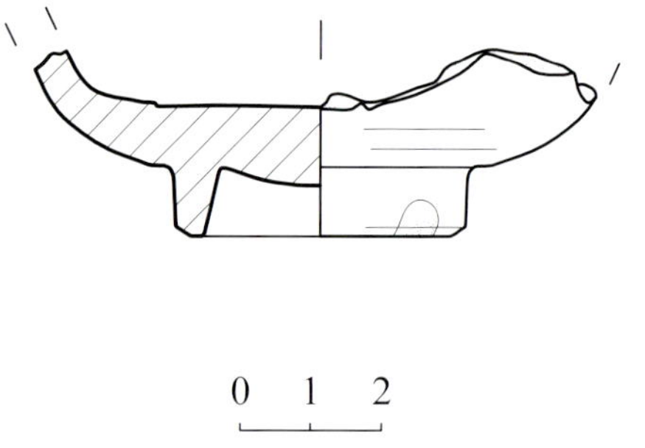

标本2009JXD采集：17，腹底残件。斜弧腹，腹外壁可见轮旋痕，内底压圈明显，底心稍上凸，挖足欠规整，腹足连续处修削明显，足跟部经修削。灰胎，胎质细腻，可见稀疏细小气孔。釉色灰青，泛黄明显，施釉未及底。腹外壁刻折扇纹，刻痕较浅，内壁刻划花卉纹，间划篦纹。残高4.1、足径5.3、足高0.8厘米。

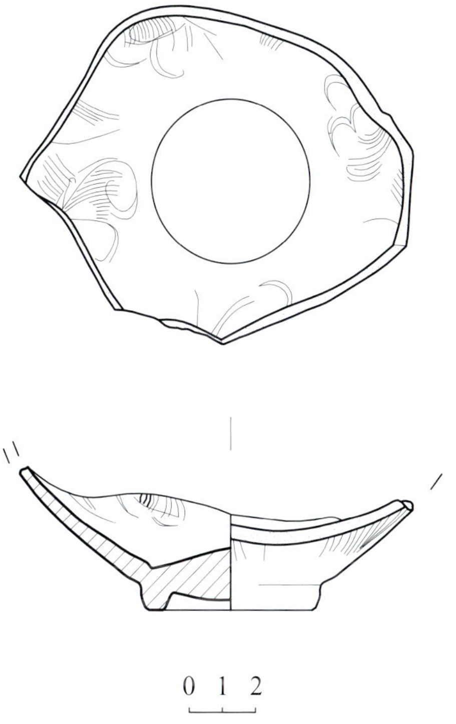

标本2009JXD采集：20，腹底残件。斜弧腹，内底较平，压圈明显，圈足足壁较直，挖足，外底稍下凸，腹足连续处经修削。浅灰胎，胎质细腻，可见零星细小气孔。釉色青灰偏绿，局部泛白点，施釉未及底。腹外壁刻折扇纹，较密，内壁刻划花卉纹，间划篦纹。残高6.2、足径4.8、足高0.8厘米。

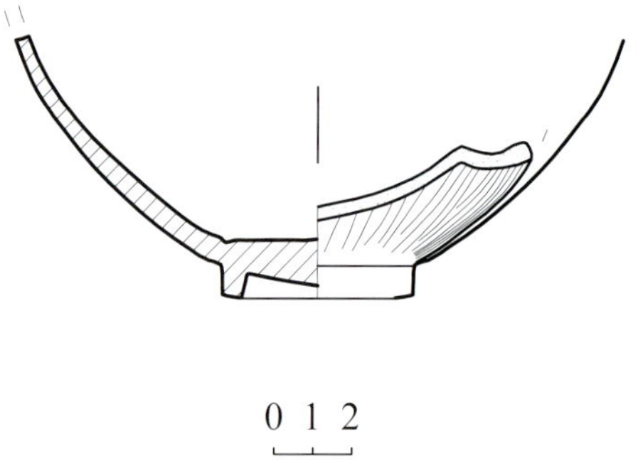

标本2009JXD采集：8，腹底残件。斜弧腹，内底较平，压圈明显，圈足足壁较直，挖足，腹足连续处修削明显。深灰胎，胎质细腻，可见零星细小气孔。釉色青灰偏黄褐，施釉未及底。腹外壁刻折扇纹，较密，内壁刻划花卉纹，间划篦纹。残高4.0、足径5.1、足高1.0厘米。

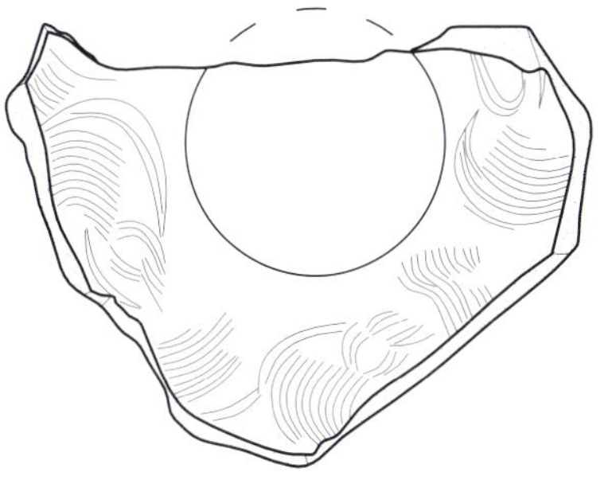

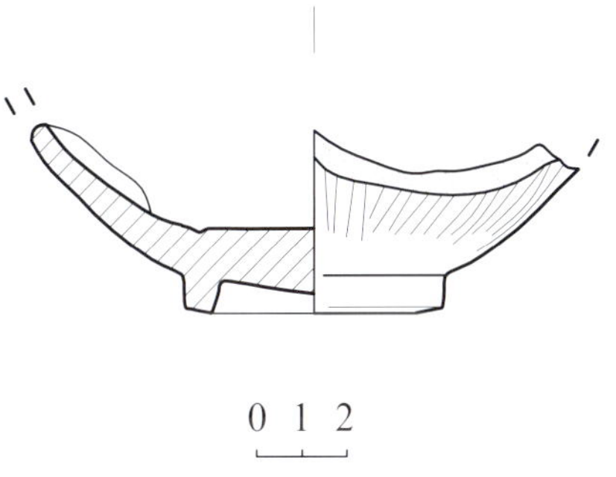

标本2009JXD采集：10，腹底残件。斜弧腹，内底较平，压圈明显，可见轮旋痕，圈足足壁较直，挖足欠规整，腹足连续处经修削。深灰胎，胎质细腻，可见稀疏细小气孔。釉色青灰，施釉未及底。腹外壁刻折扇纹，内壁刻花卉纹，间划篦纹。残高3.0、足径4.6、足高0.7厘米。

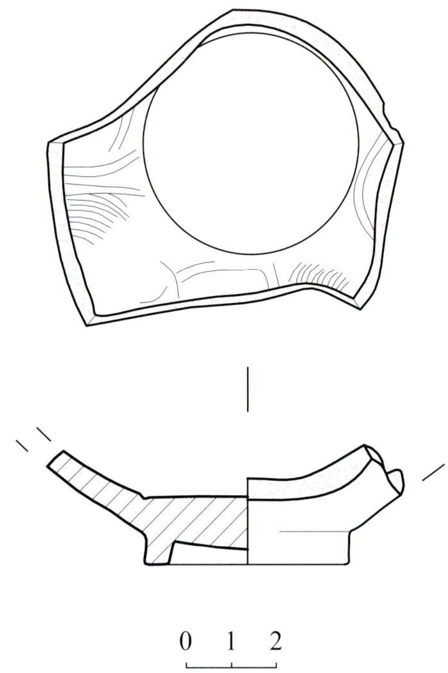

标本2009JXD采集：45，腹底残件。斜弧腹，内底较平，压圈明显，圈足较直，挖足较浅，足跟经修削。灰胎，胎质细腻，可见稀疏细小气孔。釉色青黄，可见细碎开片，施釉未及底。腹外壁旋削痕明显。碗内壁可见连云状红色水沁痕。残高4.1、足径4.8、足高0.7厘米。

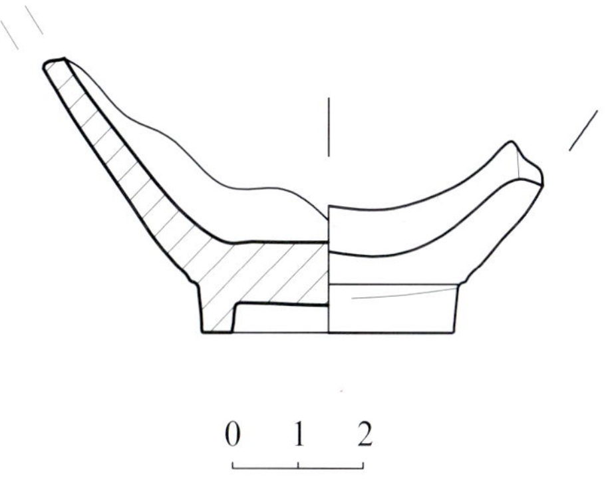

标本2009JXD采集：50，腹底残件。斜弧腹，底腹连续处内壁修圈，内底较平，圈足稍外撇，挖足较浅，外底微下凸。深灰胎，胎质细腻，可见稀疏细小气孔。釉色青灰，局部有黄白斑块，施釉不匀，未及底，足跟部有脱落。外壁底腹连续处旋削痕明显。残高6.0、足径5.1、足高1.1厘米。

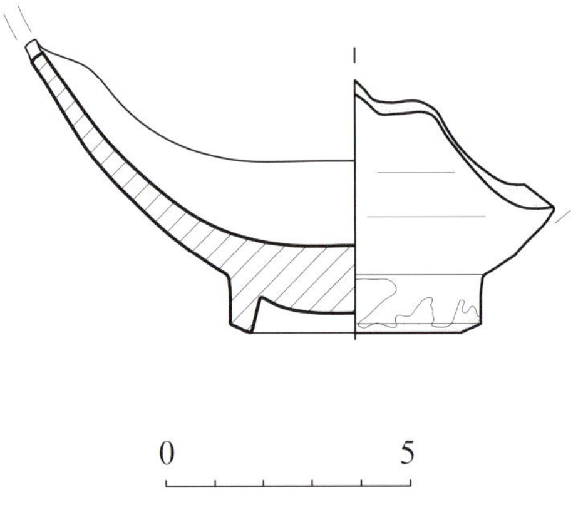

标本2009JXD采集：54，腹底残件。斜弧腹，内底较平，圈足较直，挖足较浅，外底微下凸。灰胎，胎质细腻，可见零星细小气孔。釉色青灰偏绿，施釉未及底。腹外壁旋削痕明显，内壁及内底划篦纹。碗内可见大片红色水沁痕。残高2.3、足径4.9、足高0.7厘米。

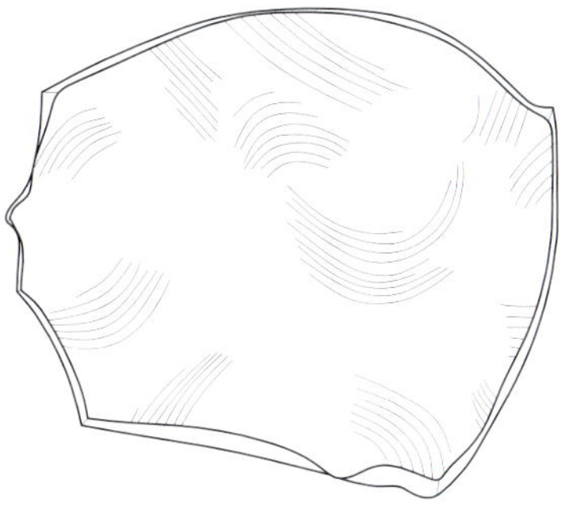

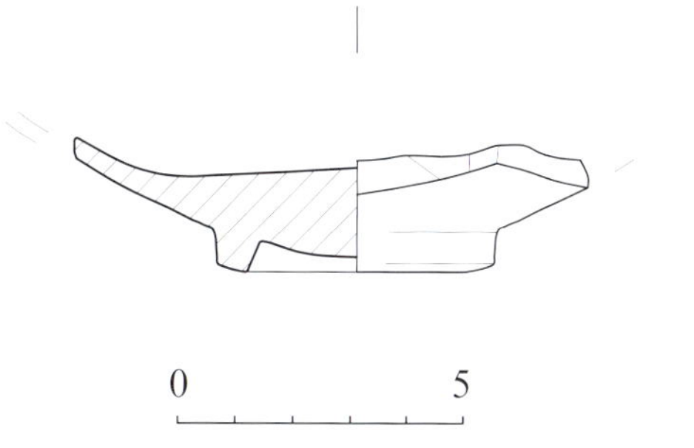

标本2009JXD采集：55，腹底残件。斜弧腹，内底较平，圈足稍内敛，挖足较浅，外底较平。灰胎，局部显褐色，胎质细腻，可见零星细小气孔。釉色青灰，局部有黄白斑，可见细碎开片，施釉未及底，足跟部有脱落。腹外壁旋削痕明显。碗内可见大片红色水沁痕。残高3.4、足径5.1、足高0.6厘米。

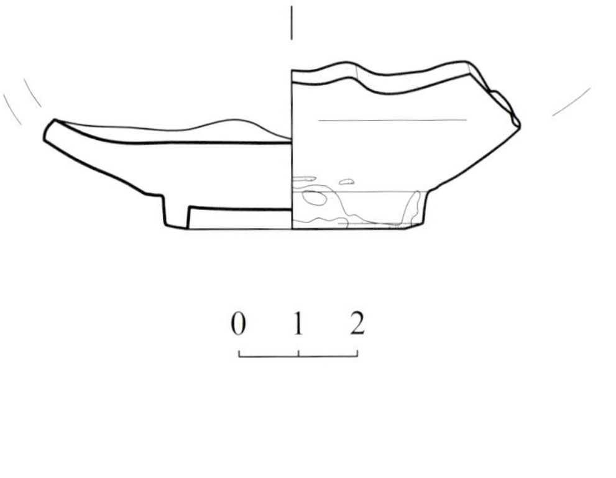

盏

侈口盏

标本2009JXD采集：38，可复原。侈口，圆唇，斜弧腹，腹外壁散布芒眼，小内底微隆起，圈足足壁较直，挖足，外底心稍下凸。灰胎，胎质细腻，可见稀疏细小气孔。釉色粉青偏灰，木光，施釉未及底。腹内壁刻划花卉纹，间划篦纹。高4.6、口径11.3、足径3.3、足高0.7厘米。

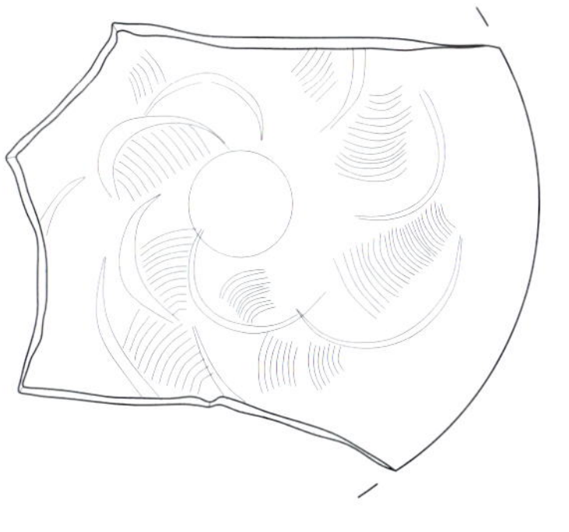

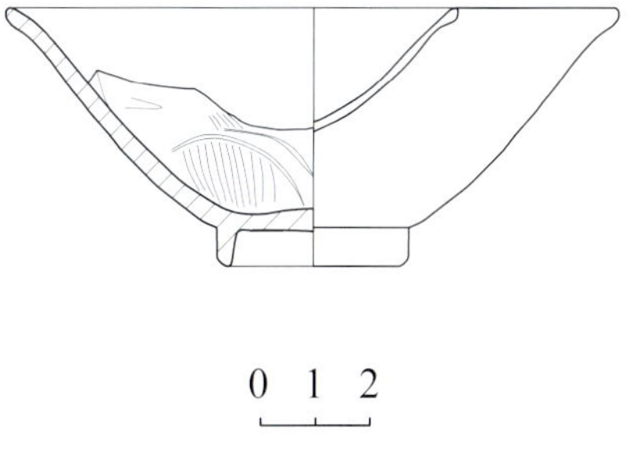

标本2009JXD采集：25，可复原。侈口，尖唇，斜弧腹，内底平凸，压圈明显，圈足足壁较直，挖足，足底平。灰胎，胎质细腻，可见零星细小气孔。釉色青灰偏绿，开片较细碎，施釉未及底。腹内壁刻划花卉纹，间划篦纹，上腹部内壁划一周细凹线纹。高4.2、口径10.5、足径3.4、足高0.5厘米。

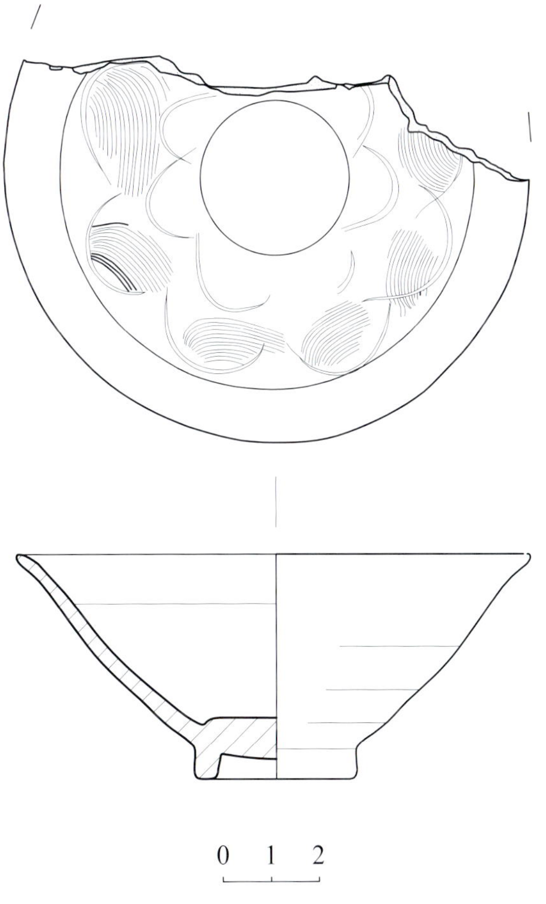
0 1 2

盏残件

标本2009JXD采集：22，腹底残件。斜弧腹，腹外壁可见轮旋痕，内底较平，压圈明显，圈足足壁较直，挖足，外底心下凸。浅灰胎，胎质细腻，可见稀疏细小气孔。釉色粉青偏灰，泛细小白点，施釉未及底。腹内壁刻划花卉纹，间划篦纹。残高3.6、足径3.4、足高0.5厘米。

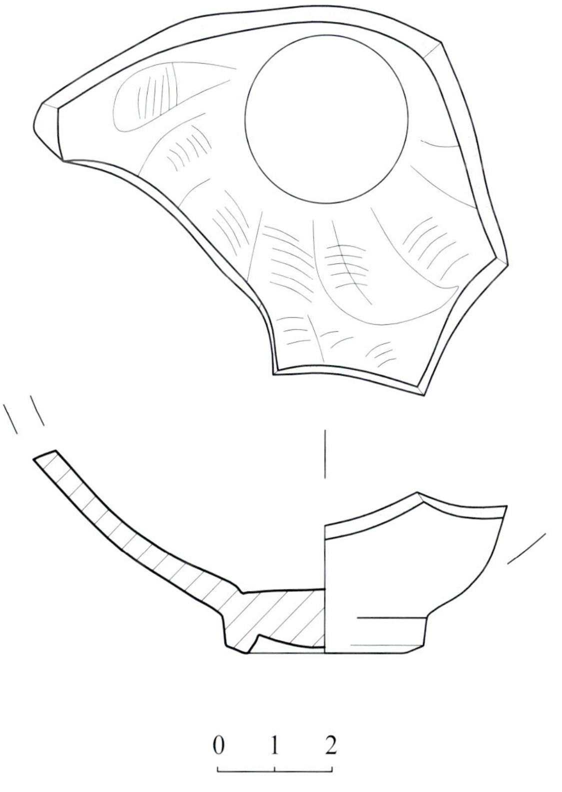
0 1 2

标本2009JXD采集：26，腹底残件。斜弧腹，小内底微上隆，圈足足壁较直，挖足，足跟部经修削，外底心稍下凸。浅灰胎，胎质细腻。釉色青灰偏绿，施釉未及底。腹内壁刻划花卉纹，间划篦纹。残高3.2、足径3.2、足高0.7厘米。

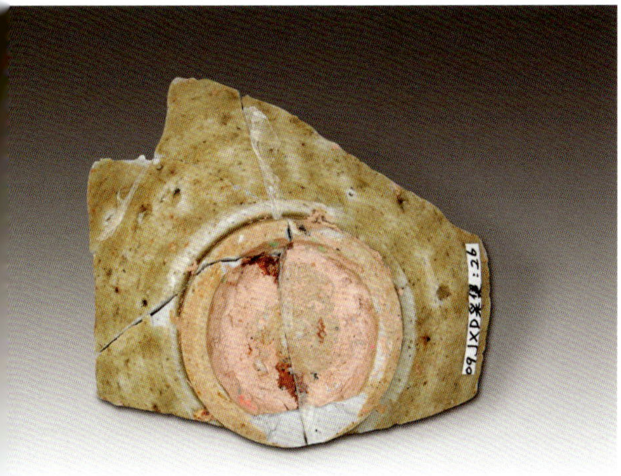

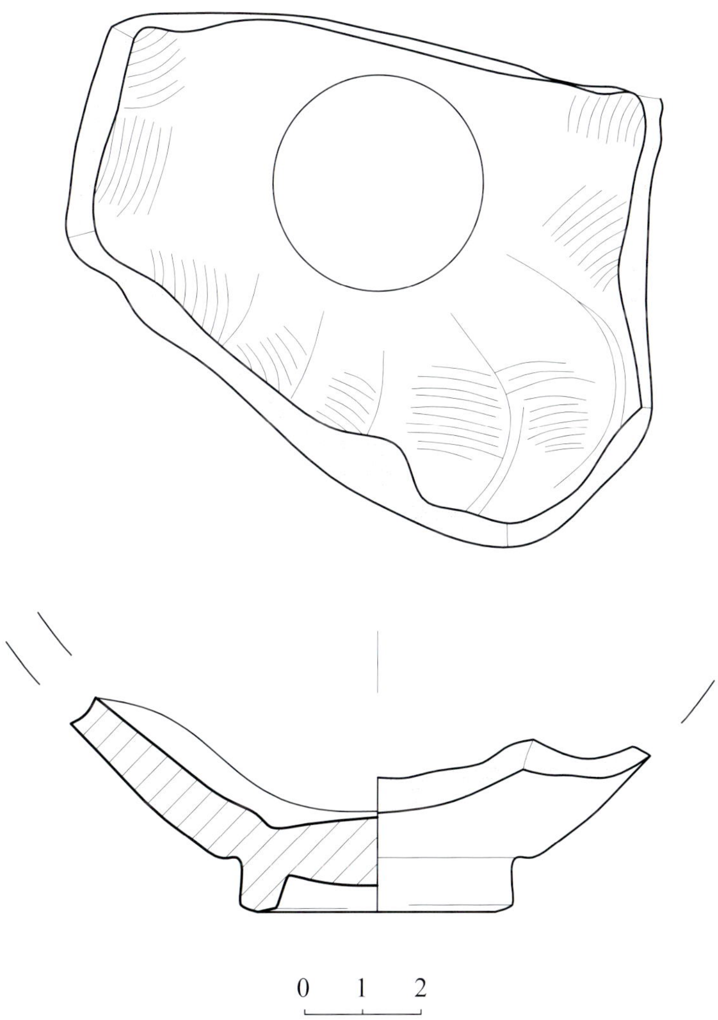
0 1 2

标本2009JXD采集：30，腹底残件。弧腹，内圜底，圈足足壁较直，挖足，腹足连续处经修削。灰胎，胎质细腻，散布细小气孔。釉色青绿偏灰，施釉未及底。残高3.2、足径3.2、足高0.7厘米。

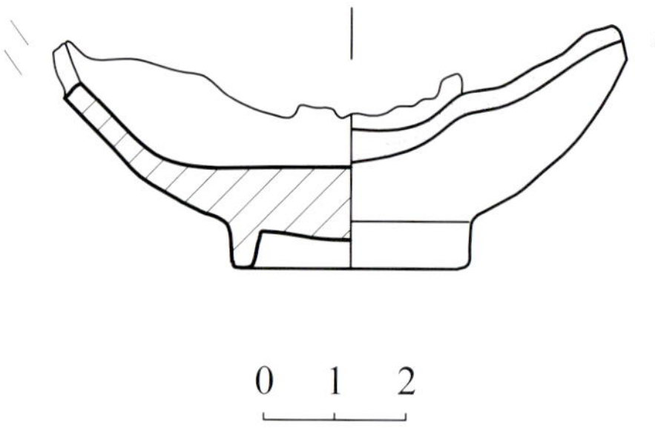

盘

均为残件。

标本2009JXD采集：32，口沿残件。侈口，凸唇，粘有窑渣。灰胎，胎质细腻，可见零星细小气孔。釉色灰青，略偏黄。残长6.5、残宽2.5厘米。

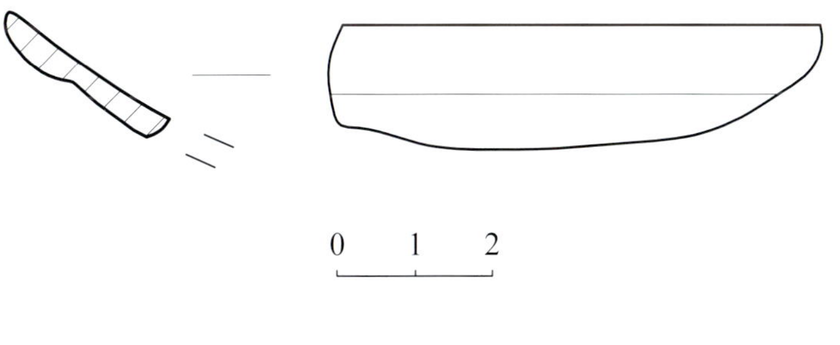

标本2009JXD采集：29，腹底残件。斜弧腹，内底较平，局部粘有少量窑渣，底心微上凸，圈足微内敛，挖足欠规整，腹足连续处修削明显。灰胎，胎质细腻，可见稀疏细小气孔。釉色青灰，局部泛白点，施釉未及底。腹内壁篦划花卉纹。残高1.9、足径4.9、足高0.6厘米。

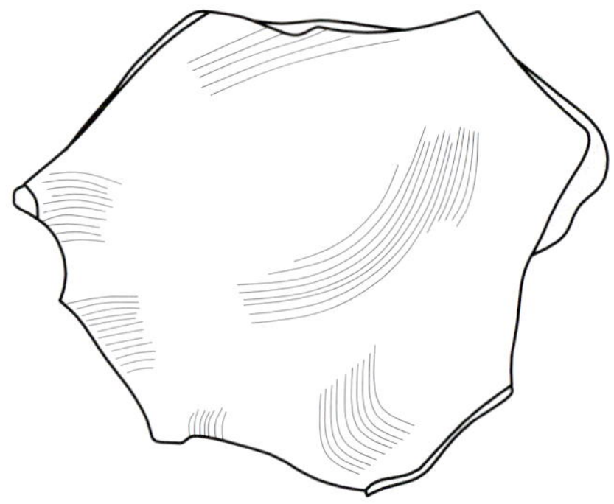

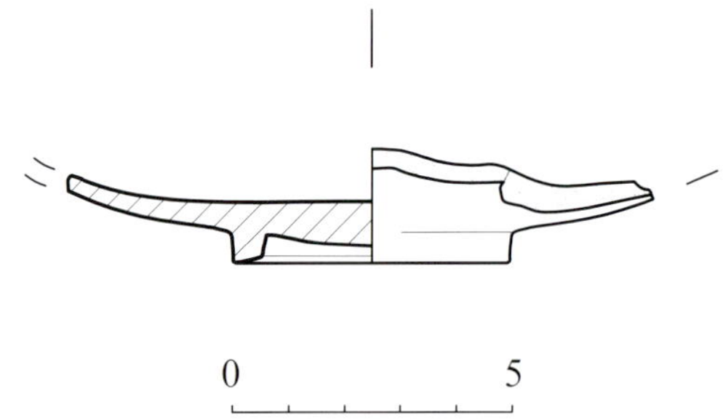

标本2009JXD采集：19，腹底残件。斜弧腹，内底较平，隐约可见轮旋痕，圈足足壁较直，挖足，足底平，外底心下凸，腹足连续处经修削。灰胎，胎质细腻，可见稀疏细小气孔。釉色青灰，泛黄白点，施釉未及底。残高2.6、足径5.5、足高0.6厘米。

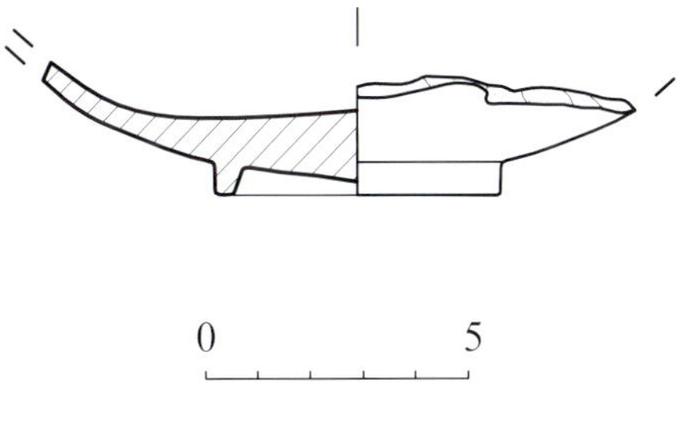

标本2009JXD采集：27，腹底残件。斜弧腹，圈足足壁较直，挖足，外底心下凸，腹足连续处经修削。灰胎，局部显黄褐色，胎质较细，可见稀疏细小气孔。釉色青灰偏黄，施釉未及底。腹内壁刻花卉纹，间划篦纹。残高2.2、足径5.1、足高0.6厘米。

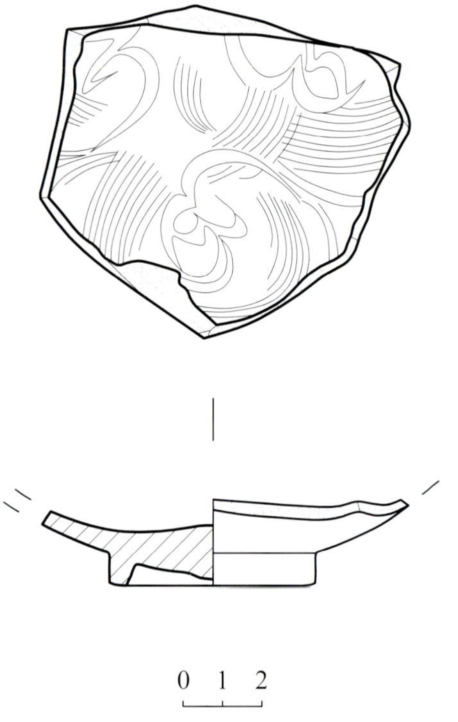

水 盂

标本2009JXD采集：35，可复原。卷沿，圆唇，束颈，溜肩，鼓腹，内底可见轮旋痕，圈足稍外撇，挖足较浅。深灰胎，胎质较细，可见零星细小气孔。釉色青绿偏灰，开片细碎，施釉未及底。高4.6、口径7.2、足径4.4、足高0.5厘米。

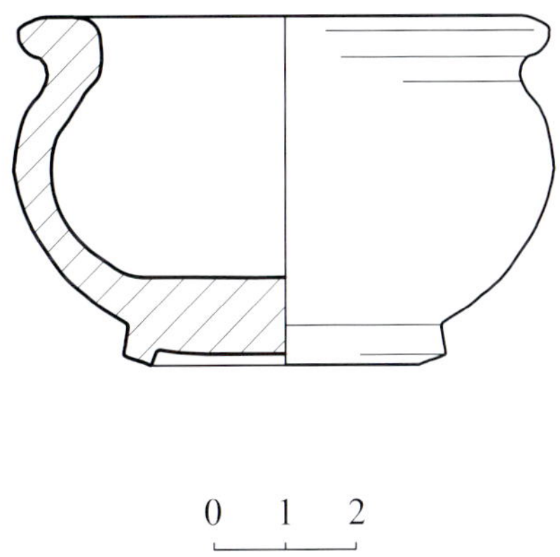

烛　台

标本2009JXD采集：21，残件。柱状。深灰胎，胎质较细，散布细小气孔。釉色灰青，局部泛黄，外壁刻划数道凹线纹。残高9.4、下径4.8、上径3.5厘米。

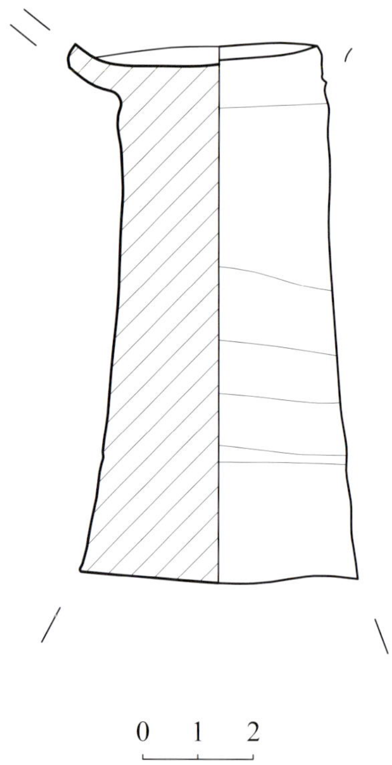

（二）产品特征

大白山窑址产品具有龙泉窑青瓷的风格特征。

器形有碗、盏、盘、水盂、烛台等，以碗类产品为主。

胎体有深灰、灰、浅灰等，以灰胎最多见，浅灰胎较少，胎质细腻，可见散布或零星细小气孔。

釉色有青绿、青灰、灰青、青黄、青褐、粉青等，或透亮，或乳浊，以较透亮的青绿釉最为常见。釉面多可见细碎开片。发现的碗、盘、盂类器物多施釉未及底，施满釉者，足底刮釉。

纹饰有花卉纹、篦纹、折扇纹等，均为刻划，腹内壁多刻划花卉纹，间划篦纹，腹外壁或饰折扇纹，或无纹饰。碗盏类器物腹外壁折扇纹或刻痕宽深、分布疏朗（有圆凹和斜刀刻之分）；或刻痕窄浅、分布细密，腹外壁折扇纹上、下或上下均刻一周凹线纹或划一周细线纹。部分碗、盏、盘类器物上腹部内壁也可见到一周凹线或细线纹。腹内壁及内底纹饰可辨者有波浪纹、菊花纹以及或简洁或繁缛的花草纹等。

碗、盏类器物内壁多较平。发现的各类器物外壁腹足连续处多经修削。挖足多较浅，足内壁多斜削，外底心多向下稍凸起，底足不乏修削欠规整者。

三、窑具及其装烧工艺

（一）窑具

采集窑具（包括与产品粘连者）共29件，包括匣钵和垫饼。其中，匣钵单体5件，匣钵与碗、垫具粘连者11件；垫饼单体2件，垫饼与碗、盏粘连者11件。

匣钵

有漏斗形匣钵和M形匣钵两种。

漏斗形匣钵：上部筒形，下部承碗（或盘等）处弧曲下凸，底部置垫具，胎质粗疏、龟裂，表面散布窑渣。

标本2009JXD采集：4，稍残。灰褐胎。高10.3、口径16.6厘米。

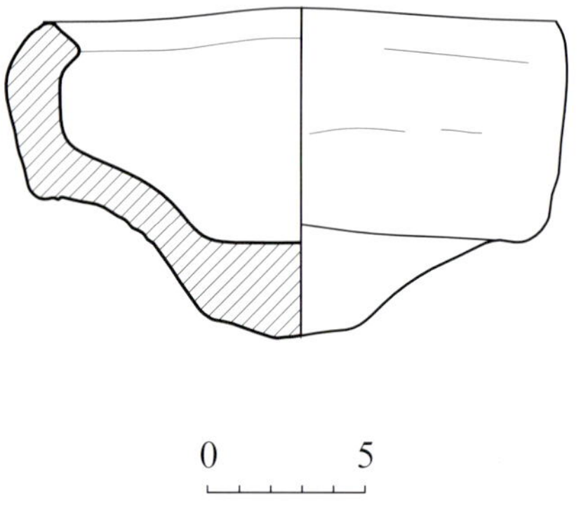

标本2009JXD采集：5，残。变形，口部近椭圆形。灰褐胎。高10.9、口径20.8—22.6厘米。

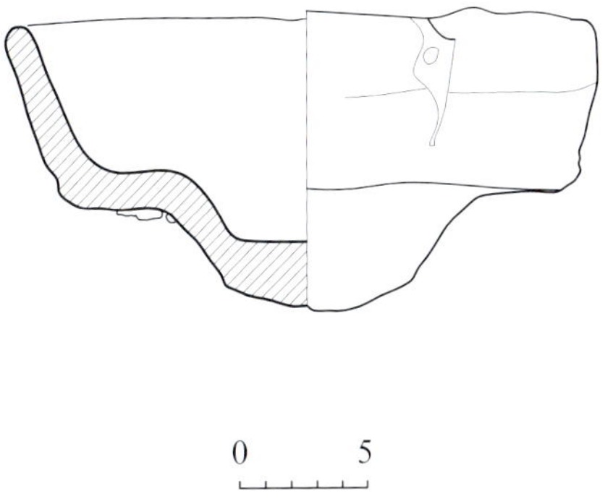

标本2009JXD采集：47，残。灰胎，胎质粗疏，夹大量砂粒，表面红褐色，内外壁粘连有青灰釉瓷片，散布窑渣。残高8.1、宽15.0厘米。

2009JXD采集：47

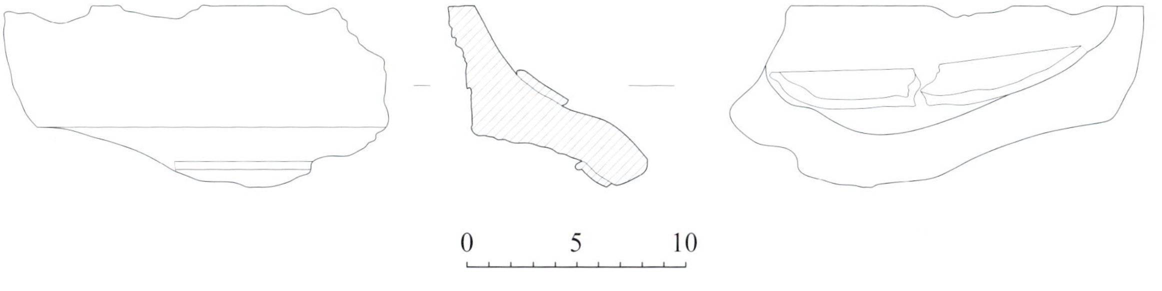
0
5
10

标本2009JXD采集：68，完整。灰褐胎，胎质粗疏、龟裂，表面散布窑渣。高10.5、口径16.4厘米。

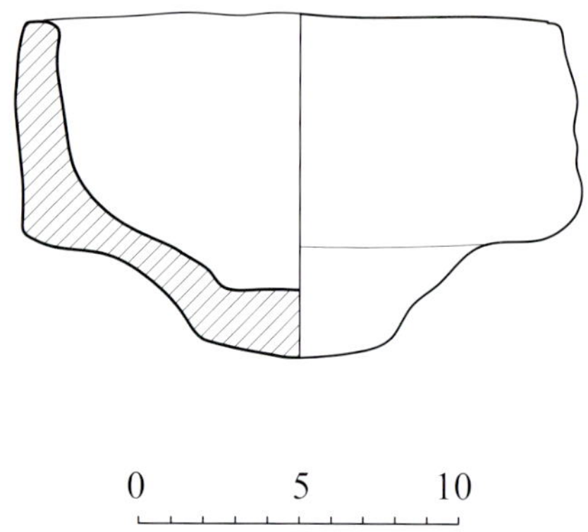

M形匣钵：筒形足，承碗（或盘等）部呈盘状，弧形下凹，底部置垫具，胎质粗疏，表面散布窑渣。

标本2009JXD采集：6，稍残。灰褐胎。高7.1、直径16.8厘米。

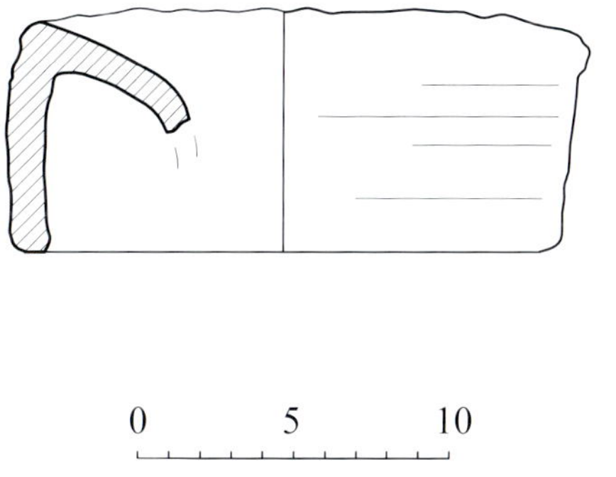

垫 饼

圆形，单面模印成形。

标本2009JXD采集：34，完整。表面褐色，质较粗。厚7.1、顶面直径16.8、底面直径约3.9厘米。

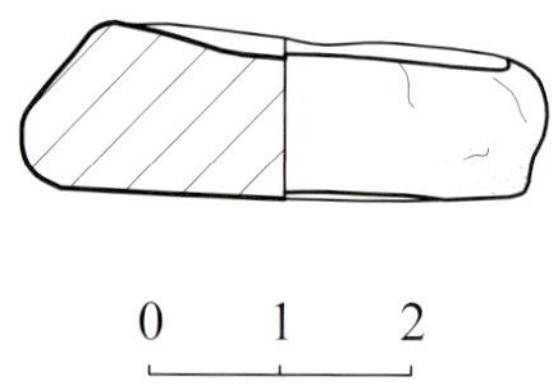

标本2009JXD采集：63，稍残。略呈平行四边形。灰褐色，质较粗，表面粘连大量釉质。厚1.3、顶面边长2.7、底面边长4厘米。

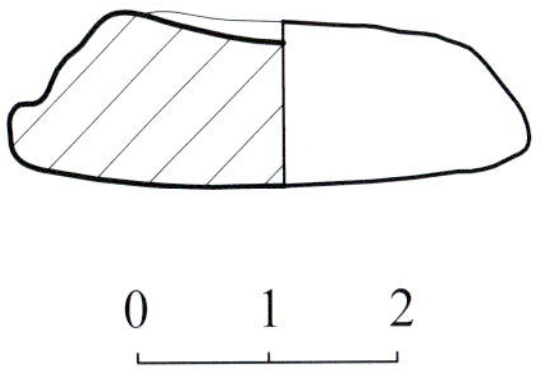

（二）装烧工艺示例

从采集匣钵及成器看，装烧方法为仰烧，以漏斗形和M形匣钵装烧，一器一匣垒叠成摞。碗、盏类产品以漏斗形匣钵装烧为主，盘状底部置垫饼。

标本2009JXD采集：1，碗与匣钵、垫饼粘连。碗，可复原。侈口，尖圆唇，口部与匣钵底部粘连，斜弧腹，圈足较直，挖足较浅，外底与垫饼粘连，器物整体变形严重。灰胎，胎质细腻，可见细小气孔。釉色青灰，施釉未及底。腹外壁刻折扇纹，较密。漏斗形匣钵，残。上部筒形，下部承碗（或盘等）处弧曲下凸，内底略下压，较平。灰胎，胎质粗疏，夹大量砂粒，表面红褐色，散布窑渣，局部粘连灰青釉。垫饼，稍残。圆形，龟裂。胎质较粗，表面灰褐色。残高12.6、最大径21.0厘米。

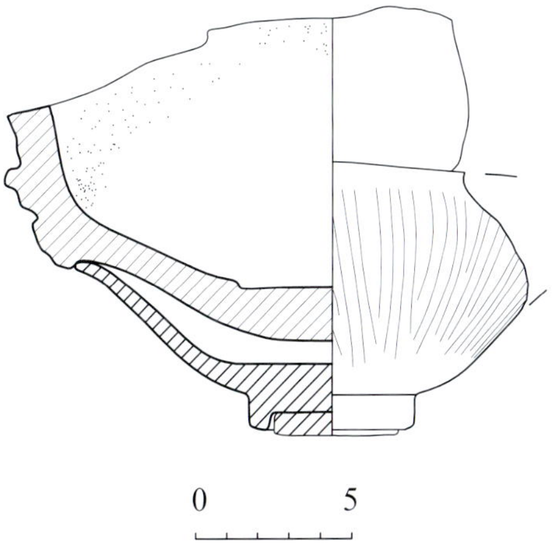
0 5

标本2009JXD采集：60，碗与匣钵、垫饼粘连。碗，腹底残件。弧腹，内底与匣钵底部粘连，圈足较直，挖足，外底与垫饼粘连。浅灰胎，质地细腻，夹黑色小颗粒。青灰色釉，施釉未及底，釉面较为光滑。漏斗形匣钵，残。下部承碗（或盘等）处弧曲下凸。灰褐胎，胎质粗疏、龟裂，表面散布窑渣。垫饼，稍残。黑褐色，胎质较粗，表面散布窑渣。残高7.6、最大径15.0厘米。

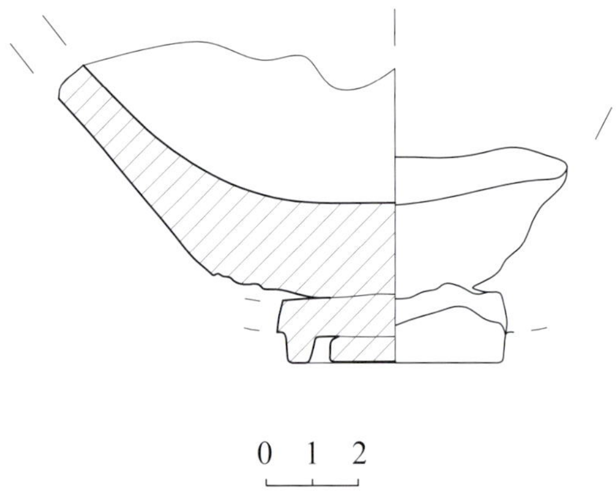

标本2009JXD采集：62，碗与匣钵、垫饼粘连。碗，腹底残件。斜弧腹，内底较平，压圈明显，圈足稍外撇，挖足，外底与垫饼粘连，腹外壁与匣钵粘连。浅灰胎，胎质细腻，可见零星细小气孔。釉色青褐偏黄，施釉未及底，内底有脱落。腹内壁刻划花卉纹，间划篦纹。漏斗形匣钵，残。下部承碗（或盘等）处较平。灰褐胎，胎质粗疏、龟裂，表面散布窑渣，腹外壁粘连一块瓷片。垫饼，完整。灰褐色，胎质较粗，表面散布窑渣。残高6.4、最大径12.6厘米。

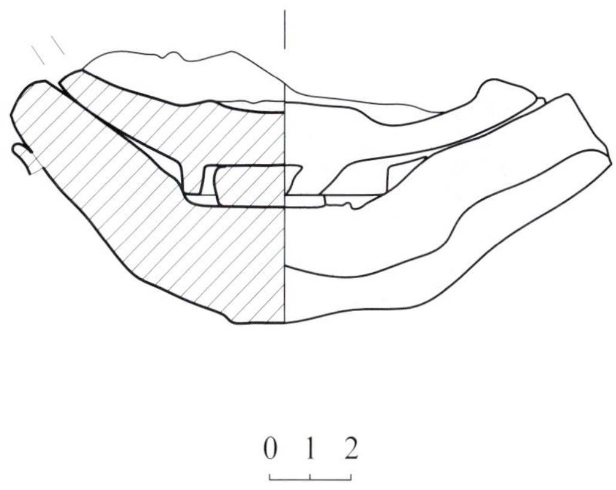

标本2009JXD采集：64，碗与匣钵、垫饼粘连。碗，腹底残件。弧腹，内底与匣钵粘连，圈足较直，挖足较浅，外底与垫饼粘连。灰胎，胎质细腻，散见小气孔。釉色青褐，施釉未及底。腹内壁刻划花卉纹，间划篦纹。漏斗形匣钵，残。下部承碗（或盘等）处弧曲下凸，底部置垫具。灰褐胎，胎质粗疏，龟裂，表面散布窑渣，腹外壁粘连其他瓷片和匣钵。垫饼，残。灰褐色，胎质较粗，表面散布窑渣。残高13.4、最大径16.8厘米。

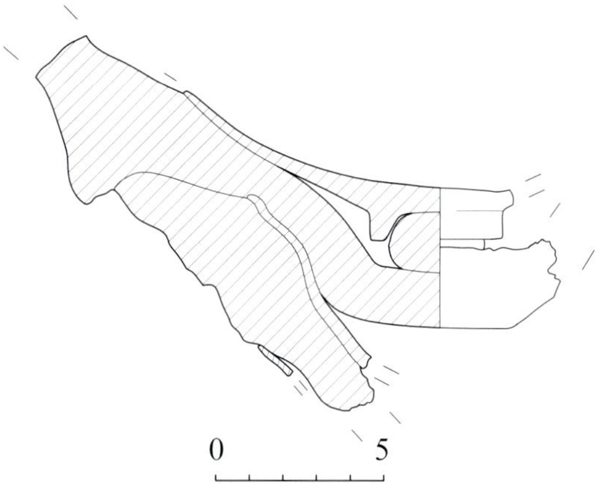

标本2009JXD采集：2，碗与匣钵粘连。碗，可复原。口微侈，尖唇，口部与匣钵底部粘连，弧腹，圈足稍内敛，挖足。浅灰胎，胎质细腻，可见细小气孔。釉色青绿偏灰，施釉未及底。上腹外壁饰两道凸弦纹，下腹外壁可见旋削痕。漏斗形匣钵，残。下部承碗（或盘等）处弧曲下凸，内底下压。褐胎，胎质粗疏，龟裂，表面红褐色，散布窑渣。残高7.1、最大径13.7厘米。

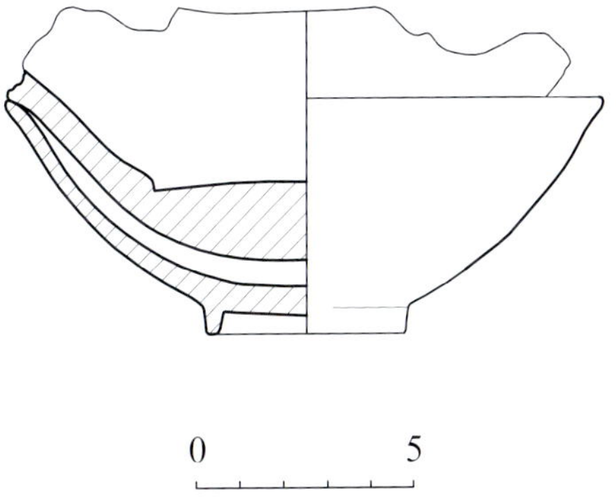

标本2009JXD采集：44，碗与匣钵粘连。碗，可复原。侈口，尖圆唇，斜弧腹，底腹连续处内壁修圈，内底与匣钵底部粘连，圈足稍外撇，挖足，外底心上凹。灰褐胎，胎质细腻，可见零星细小气孔。釉色青灰，可见细碎开片，施满釉。腹外壁刻划折扇纹，较密。漏斗形匣钵，残。下部承碗（或盘等）处弧曲下凸。灰胎，胎质粗疏，夹大量砂粒，表面红褐色，散布窑渣，底部粘连大片白泥。残高8.8、最大径17.1厘米。

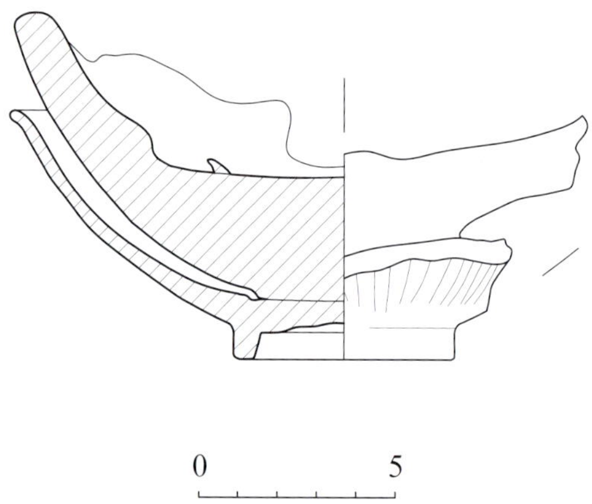

标本2009JXD采集：3，碗与匣钵粘连。碗，腹底残件。碗内壁上部与匣钵底部粘连，粘连处夹有瓷片，弧腹，圈足稍外撇，挖足，外底心稍下凸。灰胎，胎质细腻，可见稀疏细小气孔。釉色青褐偏灰，散见开片裂纹，施釉未及底，局部施釉不匀。腹足连续处修削明显。漏斗形匣钵，残。下部承碗（或盘等）处弧曲下凸。红褐胎，胎质粗疏，表面散布窑渣。残高6.4、最大径13.5厘米。

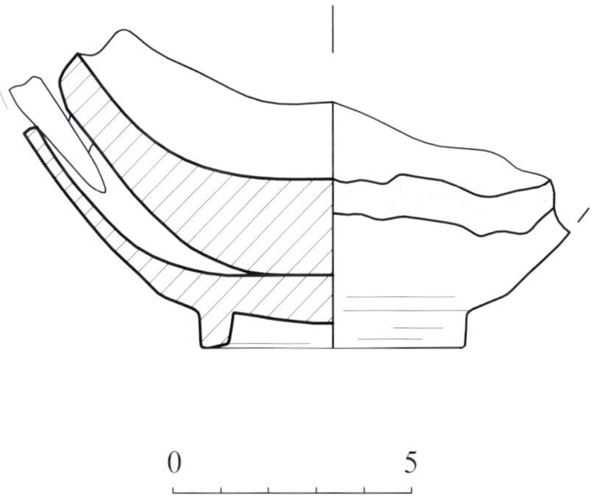

标本2009JXD采集：67，碗与匣钵粘连。碗，腹部残件。斜弧腹，腹外壁与匣钵粘连。灰褐胎，胎质细腻，可见零星细小气孔。釉色青绿偏灰，釉面有细小开片。腹外壁刻折扇纹，较密，内壁刻划花卉纹，间划篦纹。M形匣钵，残。宽平沿，弧腹，筒形足残，承碗（或盘等）部弧形下凹。灰胎，胎质粗疏，颗粒较大，表面散布窑渣，底部粘连有碗的口沿部残片。残高7.4、残宽14.3厘米。

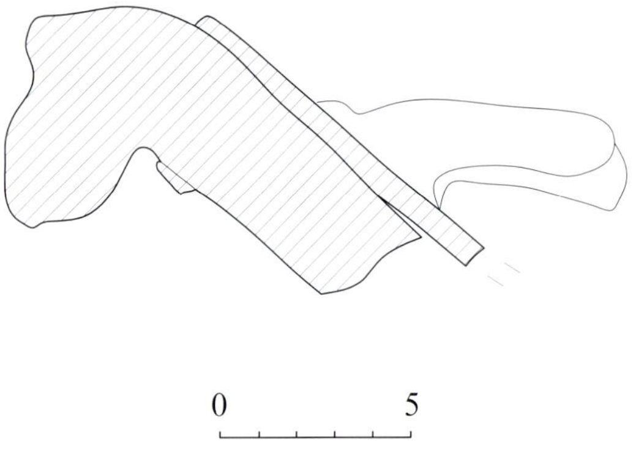

标本2009JXD采集：39，碗与垫饼粘连。碗，腹底残件。弧腹，底腹连续处内壁修圈，内底较平，圈足稍外撇，挖足较浅，足跟部经修削，外底与垫饼粘连。浅灰胎，胎质细腻，可见零星细小气孔。釉色青灰偏黄褐，施釉未及底。腹外壁刻折扇纹，较密，内壁刻划花卉纹，间划篦纹。残高6.4、足径5.4、足高1.2厘米。垫饼，稍残。圆形。红褐胎，胎质较粗，局部烧黑。直径4.0厘米。

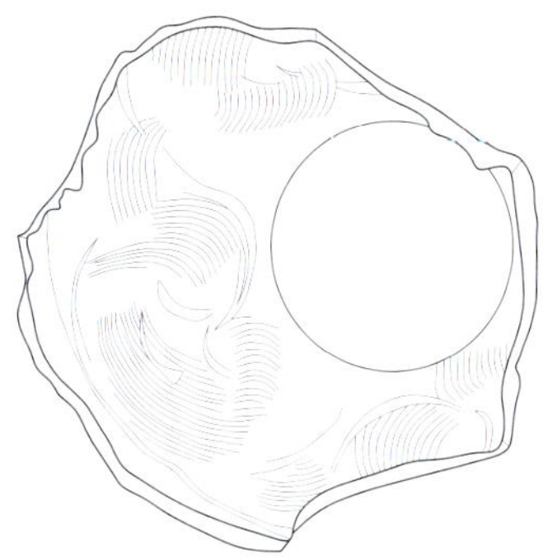

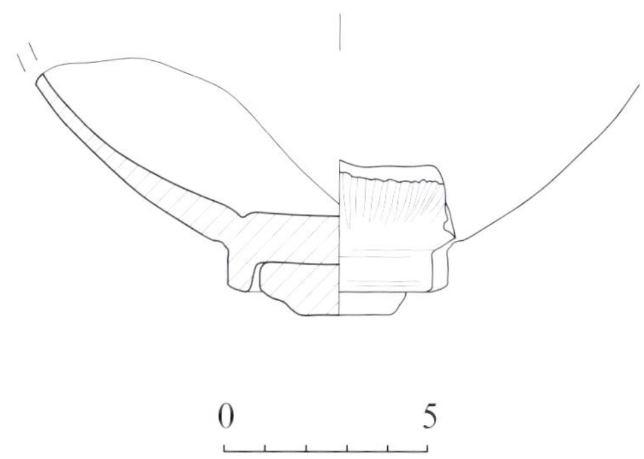

标本2009JXD采集：40，碗与垫饼粘连。碗，腹底残件。弧腹，压圈不明显，内底较平，圈足较直，挖足较浅，外底与垫饼粘连。灰胎，胎质细腻，可见细小气孔。釉色青黄，可见细碎开片，施釉未及底。腹外壁刻划折扇纹，内壁划篦纹。碗内壁可见大片红色水沁痕迹。残高2.4、足径5.3、足高0.9厘米。垫饼，完整。圆形。红褐胎，胎质较粗，表面散布窑渣。直径4.3厘米。

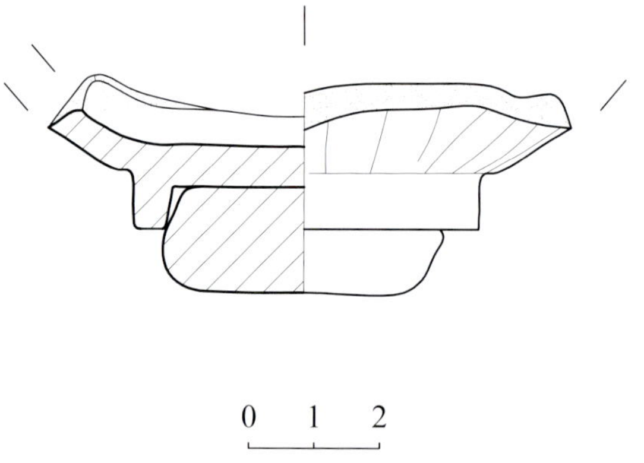

标本2009JXD采集：41，碗与垫饼粘连。碗，腹底残件。弧腹，底腹连续处内壁修圈，内底微上凸，圈足较直，挖足，足跟部经修削，外底与垫饼粘连。深灰胎，局部显褐色，胎质细腻，可见零星细小气孔。釉色灰青，施釉未及底。腹外壁刻划稀疏折扇纹，内壁划篦纹。残高3.4、足径5.1、足高0.9厘米。垫饼，完整。圆形。褐胎，胎质较粗，表面散布窑渣。直径4.5厘米。

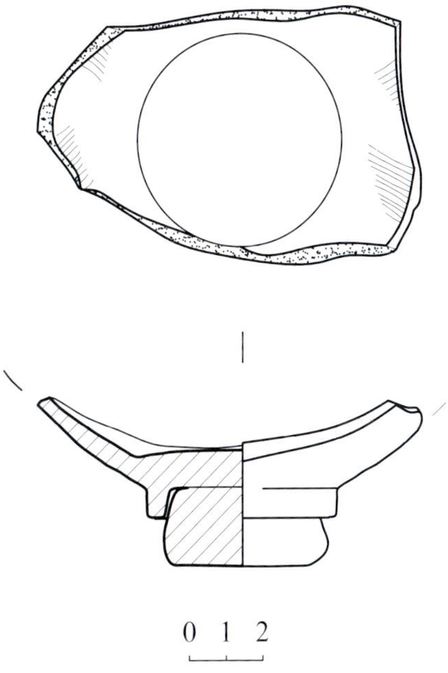

标本2009JXD采集：42，碗与垫饼粘连。碗，腹底残件。弧腹，底腹连续处内壁修圈，内底较平，圈足较直，挖足较浅，外底与垫饼粘连。褐胎，胎质细腻，可见稀疏细小气孔。釉色青褐，泛黄白点，釉层较薄不匀，施釉未及底。腹外壁刻划稀疏折扇纹，内壁划篦纹。残高4.5、足径5.4、足高0.8厘米。垫饼，稍残。圆形。褐胎，胎质较粗，表面散布窑渣。直径4.6厘米。

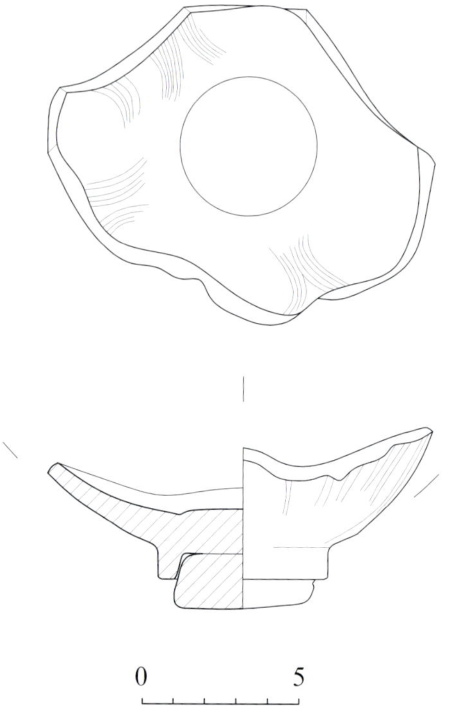

标本2009JXD采集：43，碗与垫饼粘连。碗，腹底残件。弧腹，底腹连续处内壁修圈，内底较平，圈足稍外撇，挖足较浅，足跟部经斜削，外底与垫饼粘连，器物局部有变形。浅灰胎，胎质细腻，可见零星细小气孔。釉色青灰，可见细碎开片，施釉未及底，足跟部有脱落。腹外壁刻划折扇纹，较密，内壁刻划花卉纹，间划篦纹。碗内壁可见大片红色水沁痕迹，内底粘连大块窑渣。残高4.8、足径5.3、足高0.9厘米。垫饼，完整。圆形。褐胎，胎质较粗，龟裂，表面散布窑渣。直径4.7厘米。

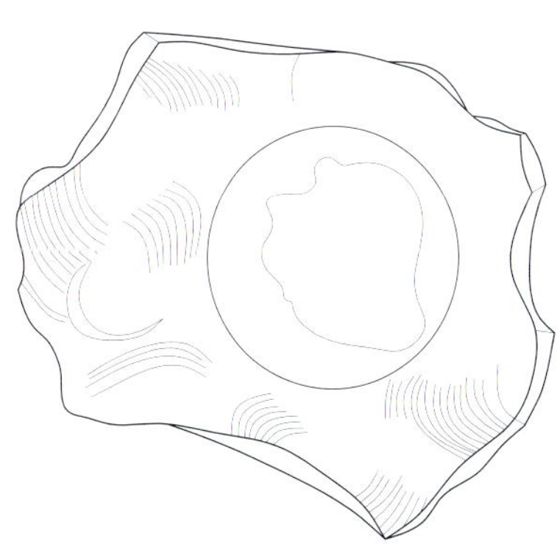

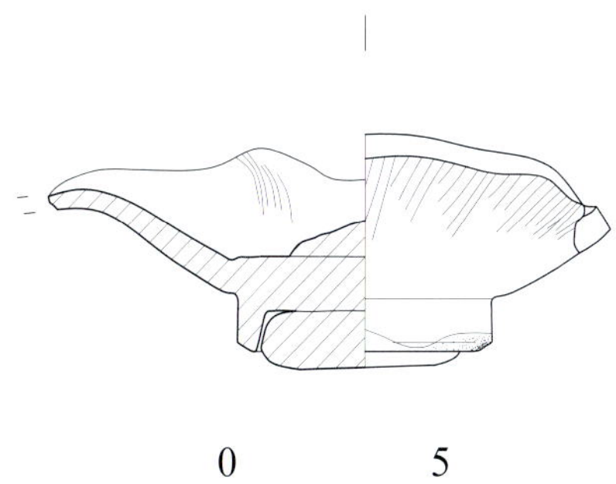

标本2009JXD采集：49，碗与垫饼粘连。碗，腹底残件。弧腹，底腹连续处内壁修圈，内底较平，圈足稍内敛，挖足较浅，外底与垫饼粘连。浅灰胎，胎质细腻，可见细小气孔。釉色青黄，可见细碎开片，施满釉。腹外壁刻划折扇纹，内壁划篦纹。碗内外壁见有大片红色水沁痕。残高3.8、足径5.2、足高0.9厘米。垫饼，残。不规则形。褐胎，胎质较粗，表面散布窑渣。最大径4.5厘米。

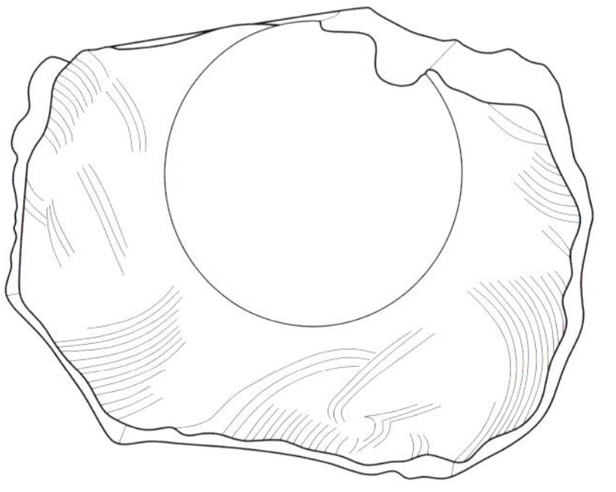

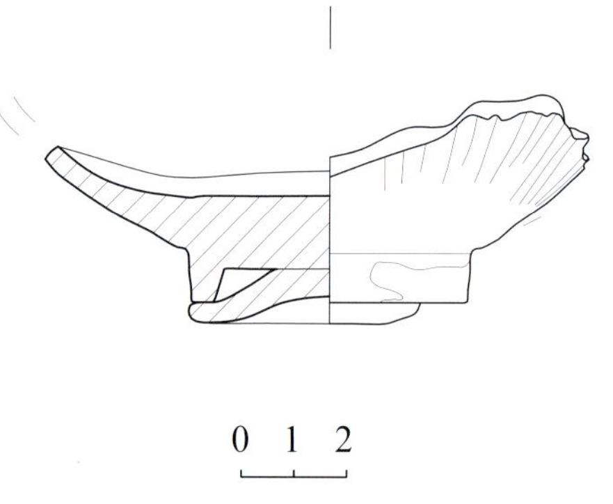

标本2009JXD采集：51，碗与垫饼粘连。碗，腹底残件。斜弧腹，底腹连续处内壁修圈，内底较平，圈足稍内敛，挖足较浅，外底与垫饼粘连。浅灰胎，胎质细腻，可见零星细小气孔。釉色青绿，可见细碎开片，施釉未及底。腹外壁旋削痕明显，内壁刻划花卉纹，间划篦纹。碗外壁可见小片褐色水沁痕。残高4.0、足径3.9、足高0.6厘米。垫饼，稍残。圆形。褐胎，胎质较粗，表面散布窑渣。直径3.1厘米。

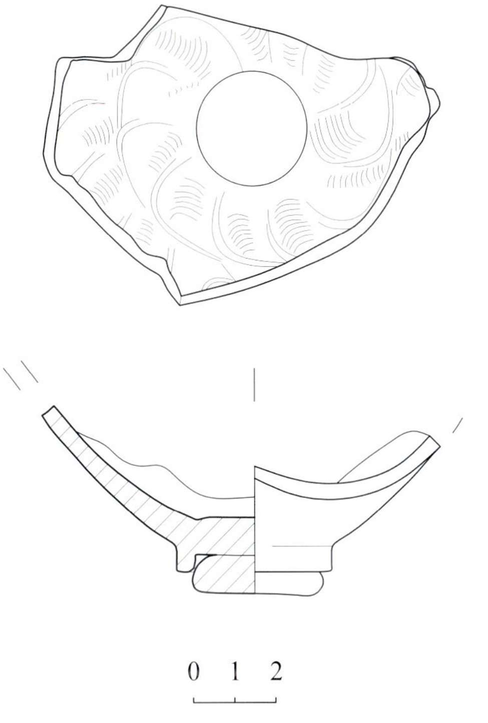

标本2009JXD采集：61，碗与垫饼粘连。碗，腹底残件。弧腹，内底较平，圈足较直，挖足较浅，外底与垫饼粘连。浅灰胎，胎质细腻，可见细小气孔。釉色青绿，釉面有细小开片，施釉未及底。腹外壁见有旋削痕。内底可见大片褐色水沁痕。残高2.6、足径3.6、足高0.7厘米。垫饼，完整。灰褐胎，胎质较粗，表面散布窑渣。直径3.2厘米。

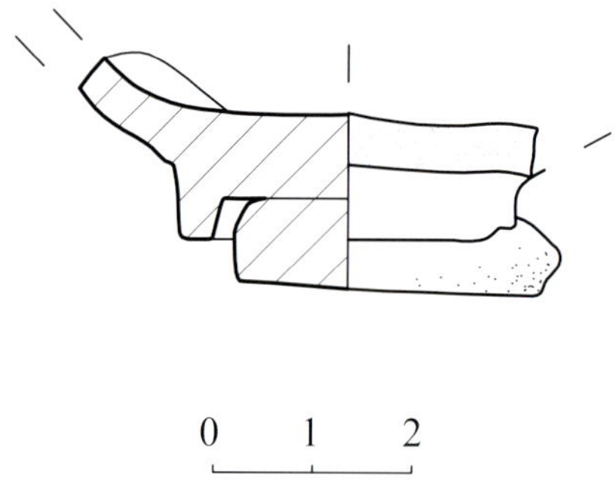

四、价值与保护

窑址发现后，我们请省、市专家莅临现场考察指导工作。杭州市文物考古研究所相关人员在对窑址和其产品认真观察分析后指出：

首先可以肯定这是一处龙窑遗址，由现场采集的标本可知，应为一处北宋民窑，且规模较大，文化堆积层非常厚，距今已有近千年的历史，为建德首次发现。而且，此类生产青釉刻花瓷器的窑址在杭州地区也是首次发现。

其次，由釉的发色和胎质、器形可知该窑应属龙泉窑系。瓷器的质量非常好，施青釉，开细片，釉色纯正，器形规整，胎质细腻，是一处具有很高烧造工艺水平的古窑址。该窑址的发现，对研究宋代我国民窑体系、瓷业生产规模、窑炉结构、烧制工艺、瓷器销售，以及了解建德当时经济社会生活状况等都有重要研究和文物价值。

第三，窑址现场的堆积面积比较大，堆积层比较厚，说明这处窑址烧造时间较长或当时产量很大。

省文物考古研究所专家沈岳明认为，这是一处保存比较完整的北宋龙窑遗址，虽然在基建时有些破坏，但是窑址大部分还保留，是一次重大的发现，鉴于在建德是首次发现，而且是北宋的龙窑遗址，在杭州也是首次发现烧造刻花青瓷的民窑窑址，具有重要意义，应予以抢救性考古发掘。

该窑址所在处现属丰产村集体土地，目前部分土地尚用于农业生产（图3-3大白山窑址现状图）。因村民建设住宅的缘故，两条龙窑的火膛已遭破坏，部分堆积已被扰乱，作坊遗迹已被新建房屋覆盖，保存状况一般。该窑址于2011年1月被省政府公布为浙江省省级文物保护单位，该处窑址得到依法有效保护。

图3—3

第二节　大慈岩脚窑址

大慈岩脚窑址位于大慈岩镇大慈岩村排塘大慈岩脚西南面，编号2009JDD（其中：J-建德市，D大慈岩镇，D-大慈岩脚）。窑址所在处为山间小块平地中一土丘，窑址坐落于该土丘西侧缓坡（图3-4大慈岩脚窑址位置图）。该土丘顶部现建有一微波发射塔，土丘西北部为一池塘，土丘东侧有一溪流自北而南流经，土丘南部被330国道东西向截断。该窑址在农业学大寨时期被改成耕地。

一、堆积状况

窑址范围约15000平方米，文化堆积面积约8000平方米，从现有断面看，堆积厚度约0.5米，地表散落瓷片、窑具残件等，未发现窑床及相关遗迹。（图3-5窑址地表散落堆积）

据当地农户回忆，在农业学大寨前，此处为一近圆形凸坡，有大量的瓷器、匣钵等碎片堆积，堆积厚。在农业学大寨时，将地表部分瓷器、匣钵残片等移至土丘南部，并平整土地，覆土耕作，改造成梯田。现耕土下可能仍有较厚堆积存在。据称，在2004年拓宽土丘南侧公路（330国道）时，发现较厚瓷片堆积，最厚处约有3米。

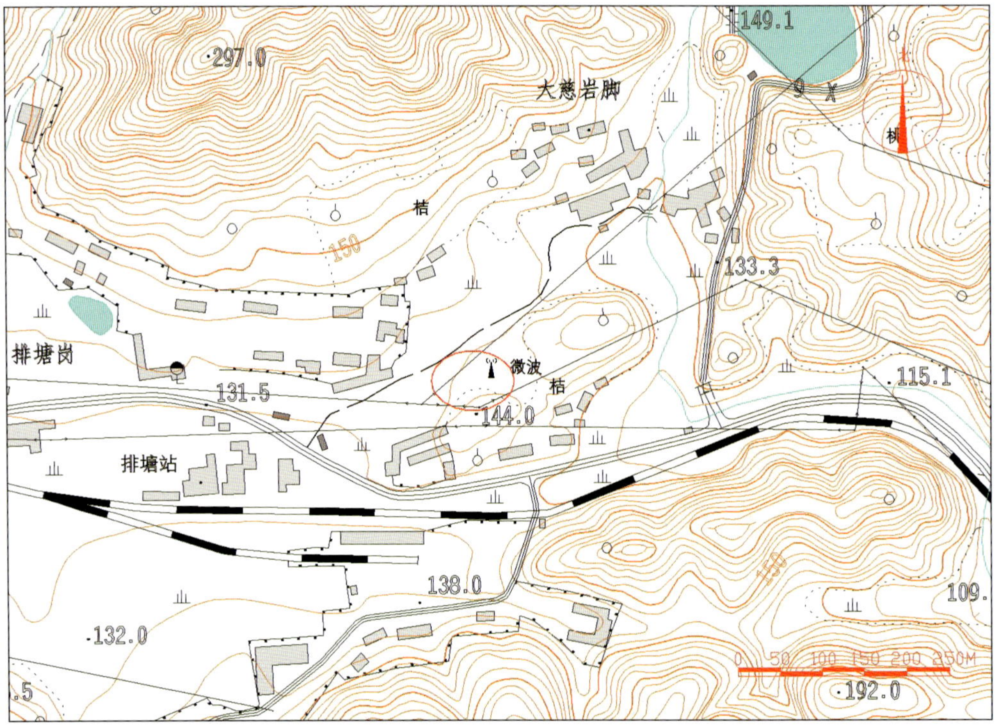

图3-4

图3—5

二、产品及其特征

（一）产品

采集青瓷残件（片）共56件，包括碗、盏、盘、壶和韩瓶。其中，碗、盏腹底残件21件，碗口腹残件12件，壶腹片3件，罐腹片3件，碗腹片等小碎片11件，韩瓶残件6件。

碗

标本2009JDD采集：14，口腹残件。敞口，尖圆唇，口腹连续处有两周平行弧凹，上腹斜直，下腹弧折。深灰胎，局部灰黄胎，胎质偏粗。釉色灰青，泛黄白点，有开片。残长4.6、残宽4.6厘米。

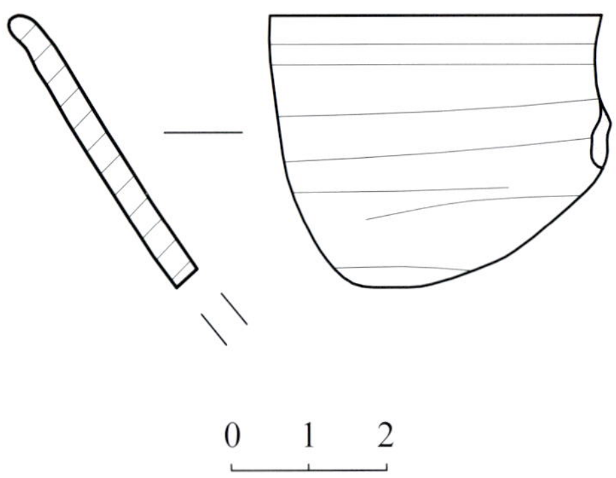

标本2009JDD采集：12，腹部残件。斜弧腹。红褐胎，胎质较细。釉色青黄，开片细碎，釉面有脱落。残长6.2、残宽3.3厘米。

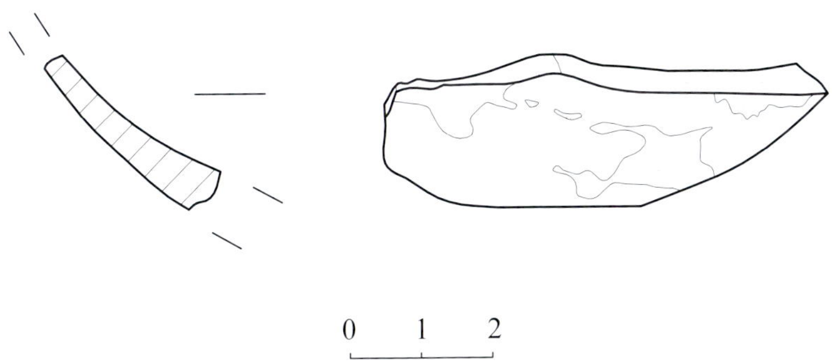

标本2009JDD采集：4，腹底残件。弧腹，内底较平，圈足，外底心下凸。深灰胎，胎质偏粗。釉色灰青，泛黄点，有细碎开片，施满釉，足底刮釉。内底可见垫烧痕。残高1.8、足径5.9、足高0.7厘米。

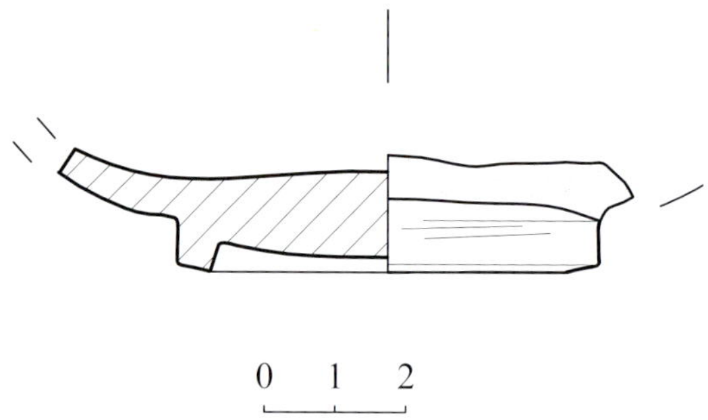

标本2009JDD采集：5，腹底残件。弧腹，内底压圈，底面欠平，圈足。灰胎，胎质偏粗，有气隙。釉色青褐，开片细碎，施满釉，足底刮釉，显火石红色。内底可见垫烧痕。残高2.6、足径6.3、足高0.8厘米。

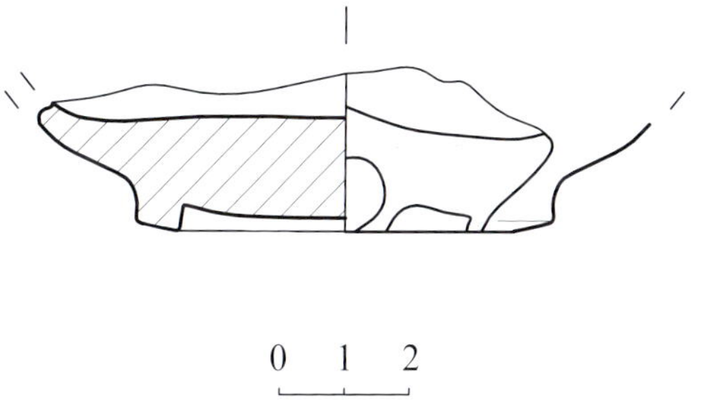

标本2009JDD采集：3，腹底残件。斜弧腹，内底弧凹，压圈，圈足稍内敛，挖足较浅。深灰胎，胎质较粗，欠致密。釉色灰青偏黄，开片细碎，施釉未及底。内底可见垫烧痕。残高3.7、足径6.5、足高1.0厘米。

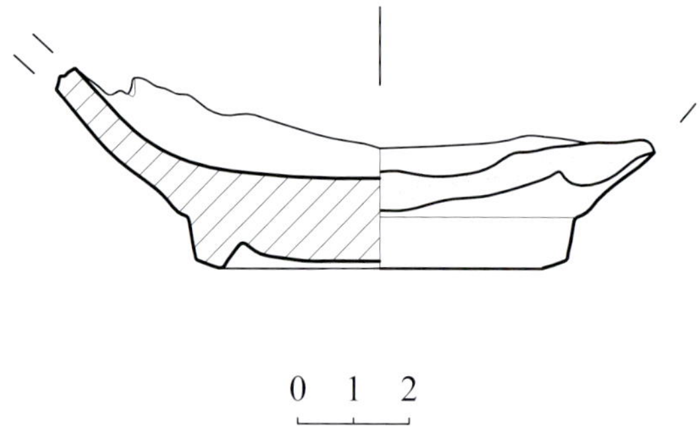

标本2009JDD采集：8，腹部残件。弧腹，内底压圈。灰胎，胎质较细。釉色青灰偏绿，开片细碎，腹外壁画两周平行细线纹。残长4.8、残宽4.6厘米。

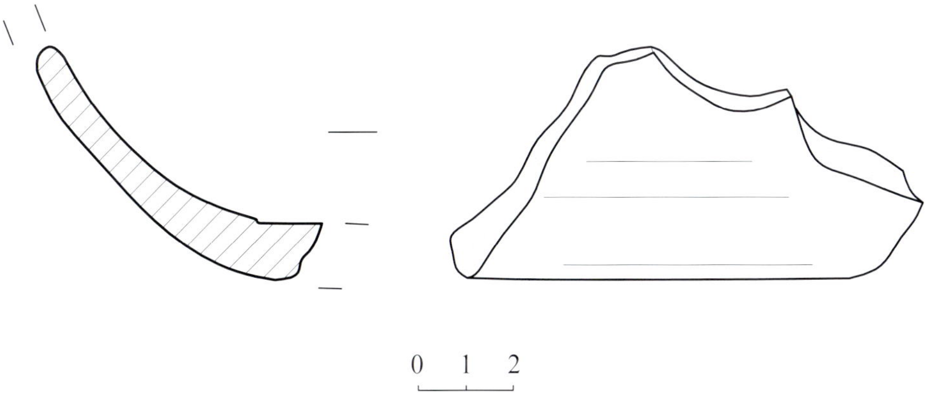

盏

标本2009JDD采集：9，腹底残件。弧腹，内底压圈，饼足。深灰胎，胎质较细。釉色灰青偏褐，局部窑变蓝色釉，足底无釉。残高3.2、足径3.1、足高0.7厘米。

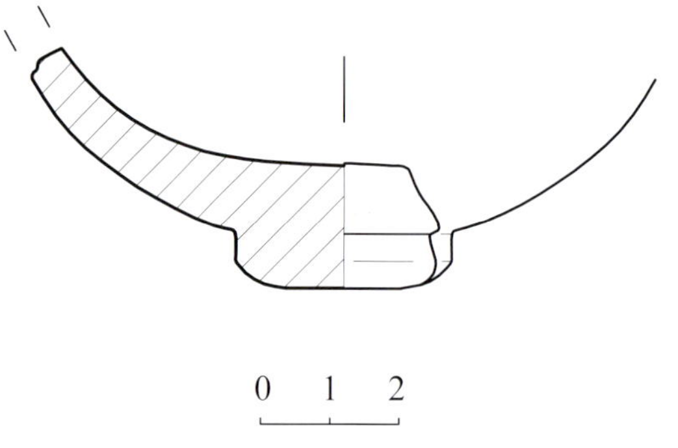

盘

标本2009JDD采集：10，口腹残件。口微侈，尖圆唇，弧腹。深灰胎，胎质较细。釉色青黄，开片极细碎，釉面有脱落。残长5.0、残宽3.4厘米。

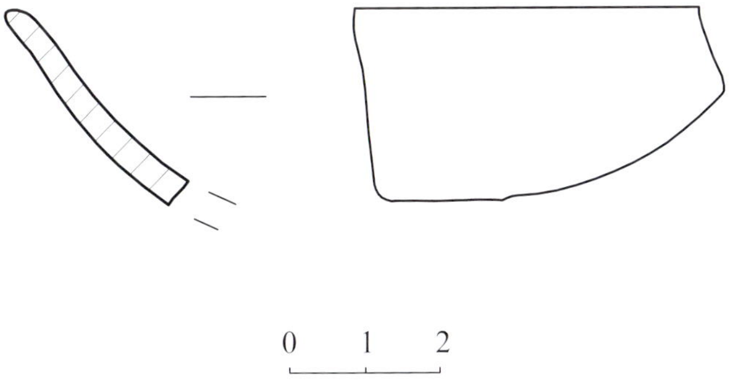

壶

标本2009JDD采集：2，肩腹残件。圆肩。深灰胎，胎质较细，可见气孔。釉色青灰，局部有细碎开片。外壁纹痕凸起。残长6.2、残宽5.0厘米。

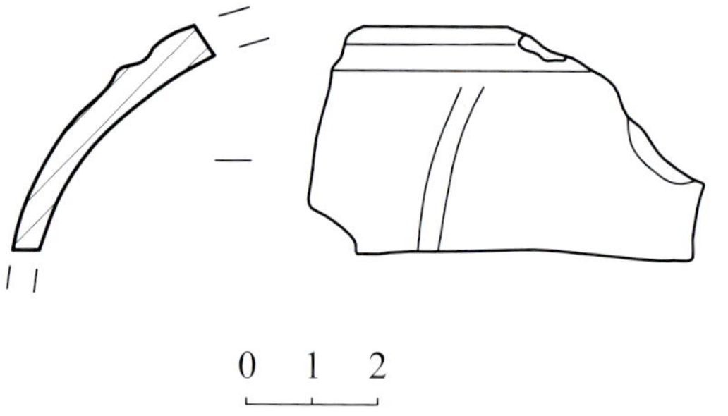

标本2009JDD采集：1，肩部残件。肩部变形下凹，弧腹。胎色深灰偏褐，胎质较细，可见气孔。釉色灰青偏褐，开片细碎。外壁刻有纹饰。残长7.6、残宽7.5厘米。

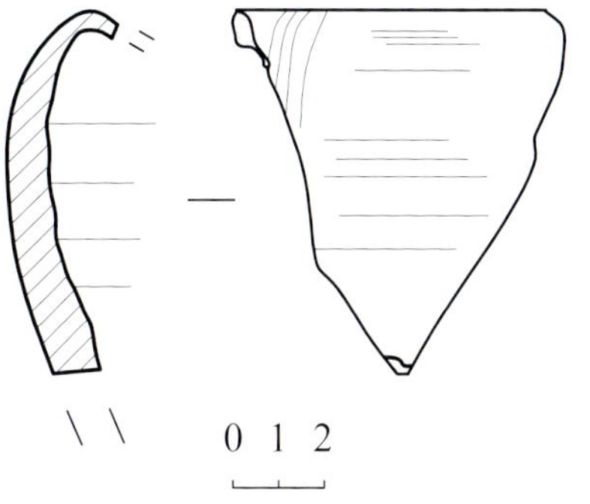

标本2009JDD采集：6，腹底残件。弧腹，圈足，足跟经修削，内底可见轮旋痕。深灰胎，局部显红褐色，胎质较细，有气隙。釉色灰青，开片细碎，施满釉，足底刮釉。残高3.0、足径6.5、足高1.1厘米。

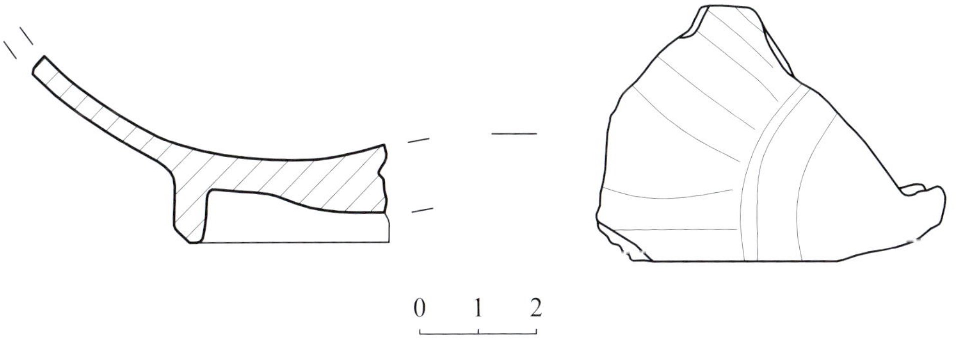

韩 瓶

标本2009JDD采集：11，腹底残件。斜弧腹，假圈足，外底上凹，内壁可见轮旋痕。灰褐胎，胎质较粗，有气隙。釉色灰青、青黄，施釉不匀。残高9.4、底径7.0厘米。

（二）产品特征

产品类型以碗类为主，尚可见盏、壶、韩瓶等，其中，以发现的执壶残件制作较精。胎体以深灰胎为主，尚可见灰褐、红褐胎等，胎质偏粗。釉色有青灰、灰青、青黄、青褐以及蓝色、蓝白色窑变釉等，釉面开片多较细碎。碗类产品仅见凹线、细线纹等简单装饰，施满釉，或施釉未及底，内底及足底多可见泥点痕，制作欠精，釉色有近粉青者，略偏绿，乳浊感稍差。

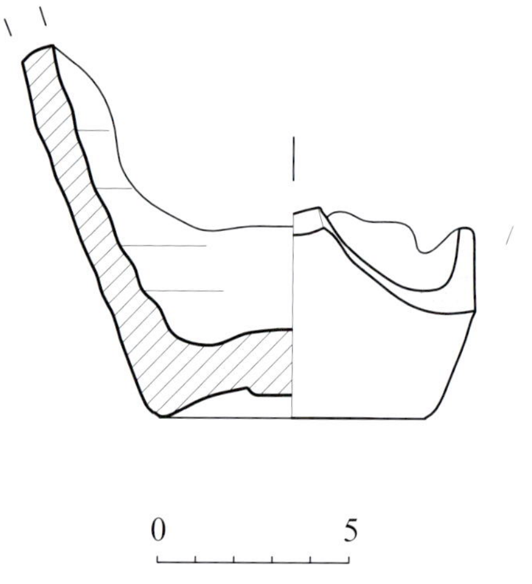

三、窑具及其装烧工艺

（一）窑具

采集窑具共27件，可辨者仅M形匣钵。

M形匣钵

筒形圈足，承碗（盘等）部呈盘状，胎质粗，表面散布窑渣。

标本2009JDD采集：13，残。表面显红褐色。残高6.8、直径20.8厘米。

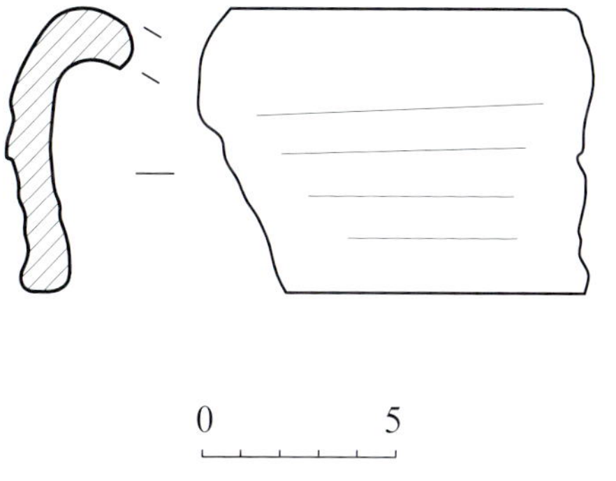

（二）装烧工艺示例

一器一匣，或多器一匣叠烧。标本2009JDD采集：7，残，四件碗口沿残片相叠粘连，应属叠烧。

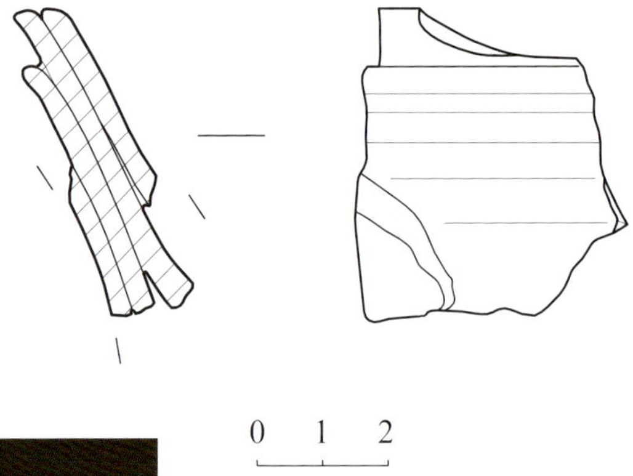

四、价值与保护

从采集品看，虽多制作欠精，但也不乏器形规整、胎质较细、釉色鲜明者。由于窑址因农业学大寨及公路的修建等，造成较大破坏，但据当地村民描述，在现耕地下仍有可能有保存较好的窑业遗迹存在。又因地表可采集遗物较少，对该窑址产品尚需更深入了解。故而，该窑址的价值，不可低估。

该窑址属大慈岩村集体用地，目前尚用于农业生产。（图3-6窑址现状）由于长年雨水冲刷等自然因素，以及修建道路、村民生产生活等人为因素，致使窑址受到部分破坏，保存状况一般。该窑址尚未核定为保护单位，建议当地镇、村加强管理和维护，不要随意进行挖掘。

图3—6

第三节　窑坞窑址

窑坞窑址位于大慈岩镇陈店村叶墩窑坞，编号2009JDY（其中：J–建德市，D–大慈岩镇，Y–窑坞）。窑址所在处为一山谷，东南侧近谷底有山间泥路可通，低谷处原有水塘，现已改为耕地，谷北有溪流自西北向东南流经，东有农户聚居。（图3–7窑坞窑址位置图）从窑址所在处地形情况看，窑床遗迹应位于东南向坡地上，作坊遗迹应位于山岙处。

一、堆积状况

窑址面积约15000平方米，文化层堆积面积约6000平方米，堆积厚度1—3米。地表可见散落的瓷片和匣钵残片，局部聚集成堆，应是当地村民出于耕作的需要捡拾堆成。窑床未暴露，我们推测，窑形应为龙窑。（图3–8窑址堆积）

二、产品及其特征

（一）产品

采集青瓷残件（片）共41件，包括碗、罐、壶和韩瓶。其中，碗残件3件，罐残件1件，执壶残件1件，韩瓶残件36件。

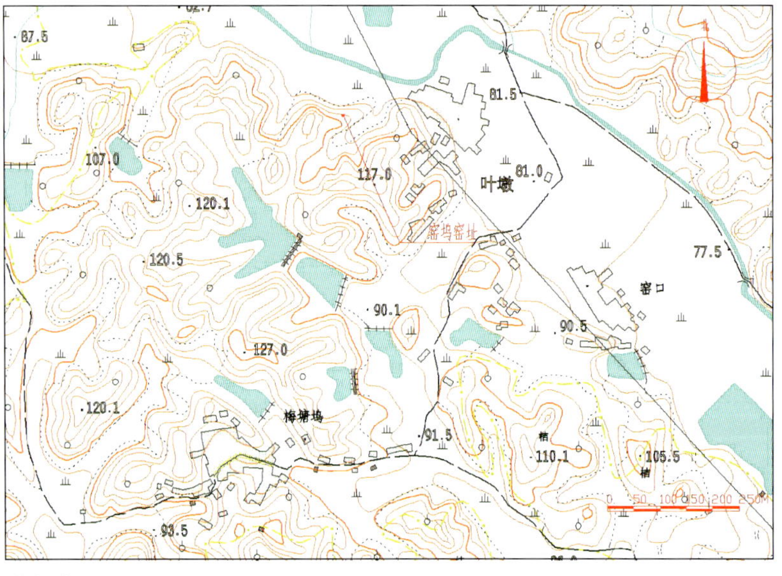

图3—7

图3—8

碗

标本2009JDY采集：3，底部残件。圈足稍内敛，挖足。灰胎，胎质较粗，夹杂砂粒，散布气隙。釉色灰青偏黄，开片细碎，施釉不及底。残高2.6、足径7.4、足高1.0厘米。

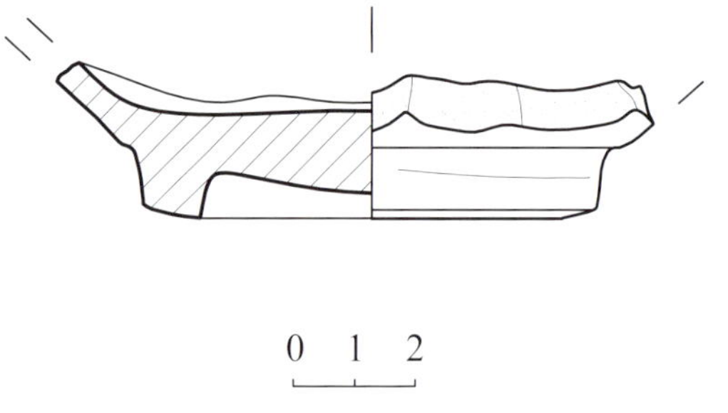

标本2009JDY采集：2，腹底残件。弧腹，圈足稍内敛。灰褐胎，胎质偏粗，有气隙。釉色青黄偏灰局部窑变蓝色釉，开片极细碎，施满釉。外底可见垫烧痕。残高2.8、足径7.0、足高1.1厘米。

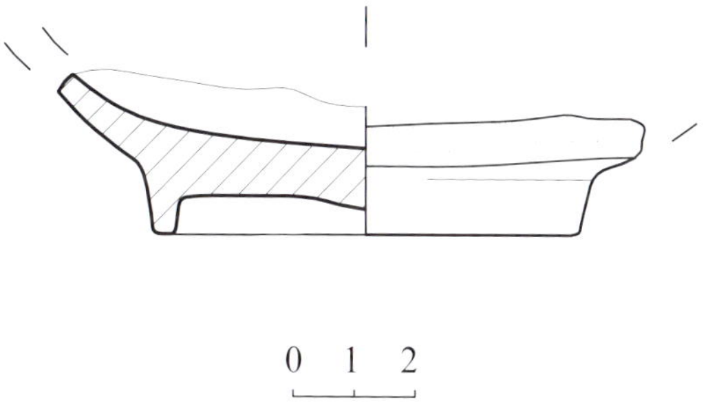

标本2009JDY采集：1，腹底残件。弧腹，圈足内敛。深灰胎偏褐，胎质偏粗，有气隙。釉色青褐，釉厚处窑变蓝白色釉，施釉不及底。内底可见垫烧痕。残高2.9、足径6.5、足高1.0厘米。

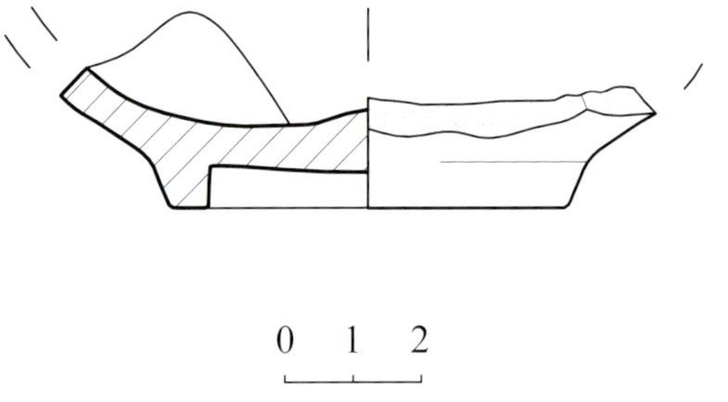

罐

标本2009JDY采集：5，口肩残件。凸唇，敞口，长颈，圆肩。深灰胎，胎质较粗，散布气隙。釉色窑变显蓝白色，亚光。内壁可见轮旋痕。残高5.5、口径8.0厘米。

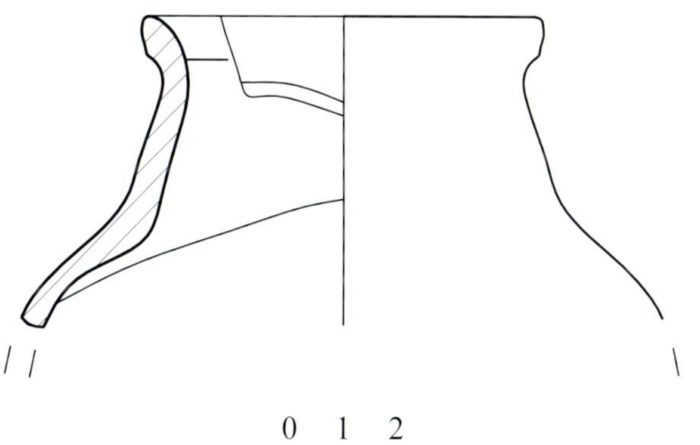

壶

标本2009JDY采集：7，肩部残件。长颈，圆肩。深灰胎，胎质较粗。釉色灰青，亚光。内壁可见轮旋痕。残高5.5、口径8.0厘米。

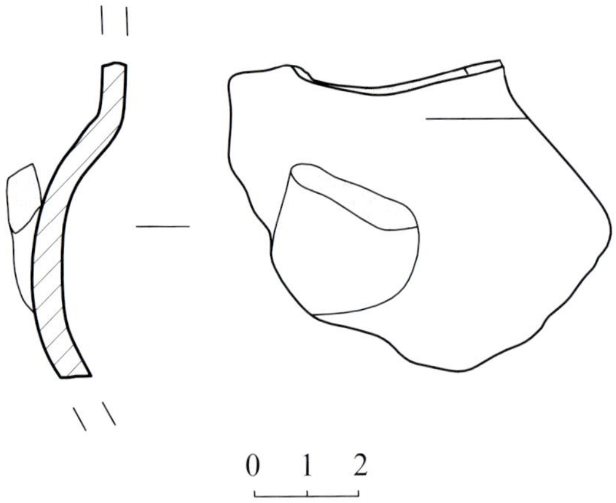

韩 瓶

标本2009JDY采集：9，残。圆唇，敞口，束颈，斜溜肩，腹斜弧。深灰胎，胎质较粗，散布气隙。器表显灰褐色，内壁可见轮旋痕。残高14.4、口径4.1—4.7厘米。

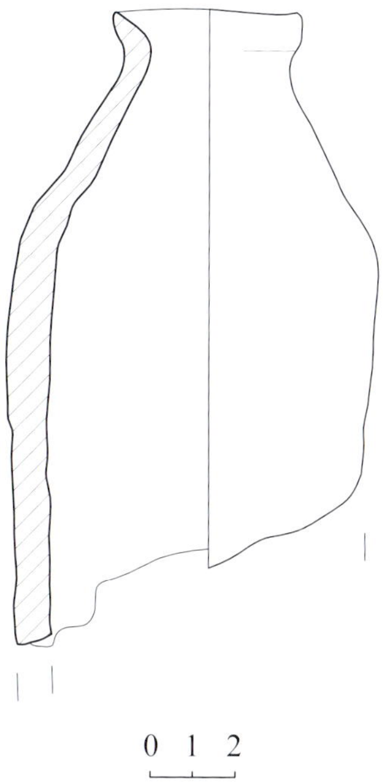

标本2009JDY采集：6，残。腹斜弧，假圈足，外底上凹。深灰胎，胎质较粗，散布气隙。釉色灰青偏黄，釉薄，施釉欠均匀。内壁可见轮旋痕。残高11.6、底径5.4—5.7厘米。

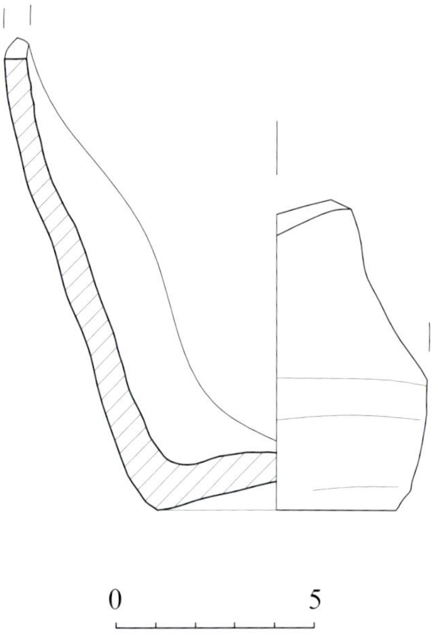

标本2009JDY采集：8，残。腹斜弧，假圈足，外底较平，微上凹。深灰胎，局部显褐色，胎质较粗，散布气隙。釉色窑变显蓝白，釉薄，施釉欠均匀。内壁可见轮旋痕。残高11.7、底径7.1厘米。

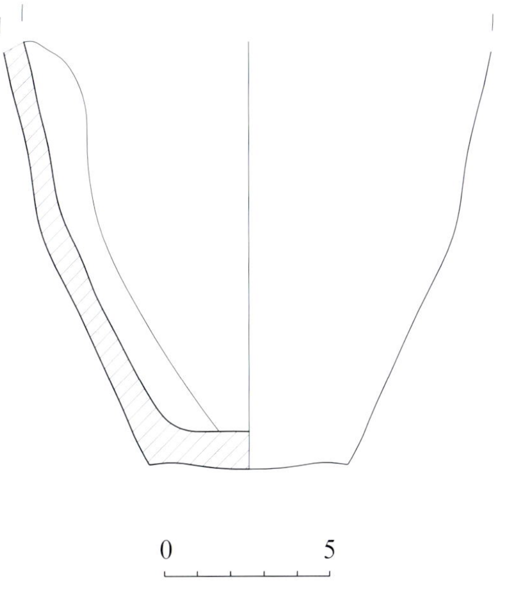

（二）产品特征

从采集产品看，制作多欠精细，尤以韩瓶类为粗。产品以碗类为主，其次为韩瓶，尚可见壶、罐等。深灰胎，胎质多较粗。青釉，偏灰、黄、褐等，可见蓝白色窑变釉。施满釉，或施釉不及底，釉面开片细碎，韩瓶类产品多施釉不均，釉层薄。碗类产品圈足多有所内敛。

三、窑具及其装烧工艺

（一）窑具

采集窑具共13件，包括支座、垫圈和匣钵。其中，支座9件，垫圈2件，匣钵2件。

支座：腰鼓形，平顶，束腹，底足喇叭口形外撇，胎质粗。

标本2009JDY采集：10，可复原。灰胎。器表带釉，显青绿色。残高11.3、口径8.1、底径7.4厘米。

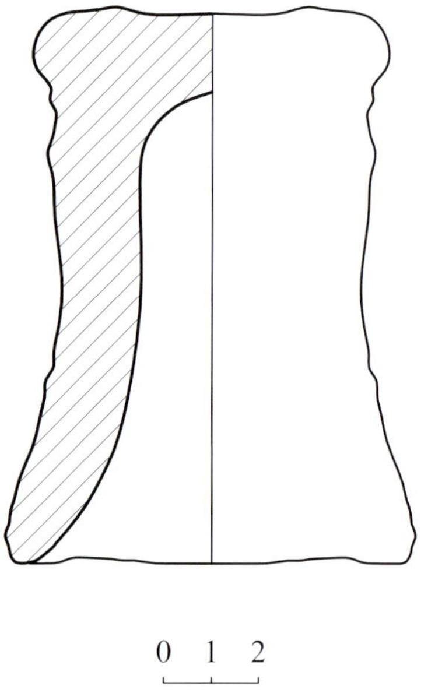

标本2009JDY采集：11，残。残高7.4、底径4.7—4.9厘米。

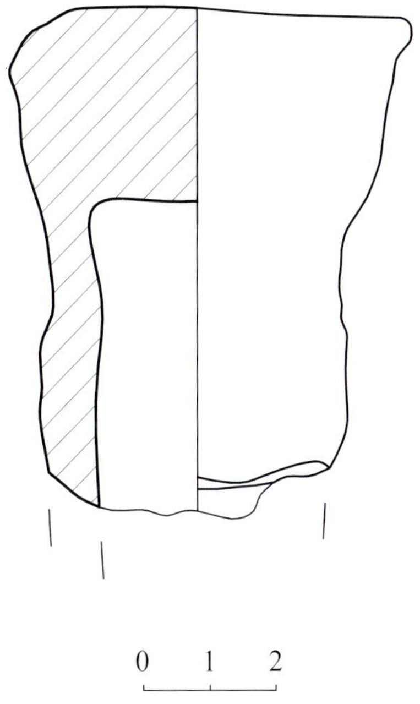

标本2009JDY采集：15，残。顶面粘有器物残部。红褐色胎，胎质粗疏。器表带黑褐色釉，散布窑渣，有三道凸棱，器物中部偏上有指捏凹窝。残高9.6、顶面直径7.5厘米。

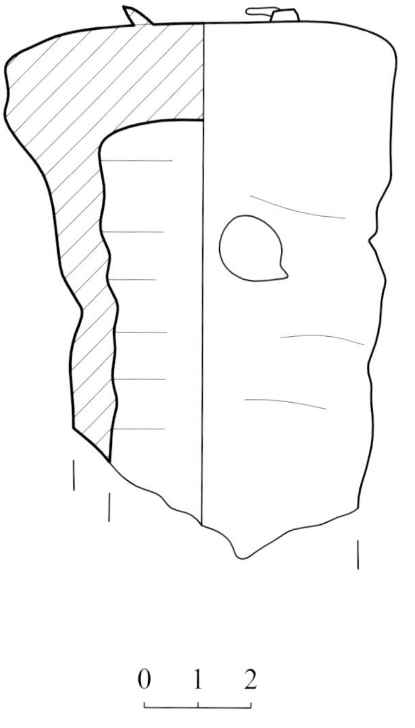

标本2009JDY采集：14，残。顶面有支烧时的器物压痕。灰褐色胎，胎质粗疏。表面呈灰褐色。残高4.8、顶面直径10.2厘米。

垫圈：环形，断面呈长方形，胎质粗。

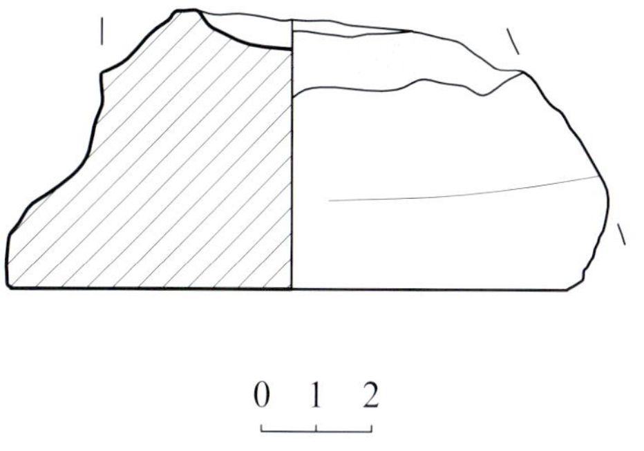

标本2009JDY采集：4，可复原。红褐胎。高1.2、直径6.7厘米。

M型匣钵：筒形圈足，承碗（盘等）部呈盘状，胎质粗，表面散布窑渣。

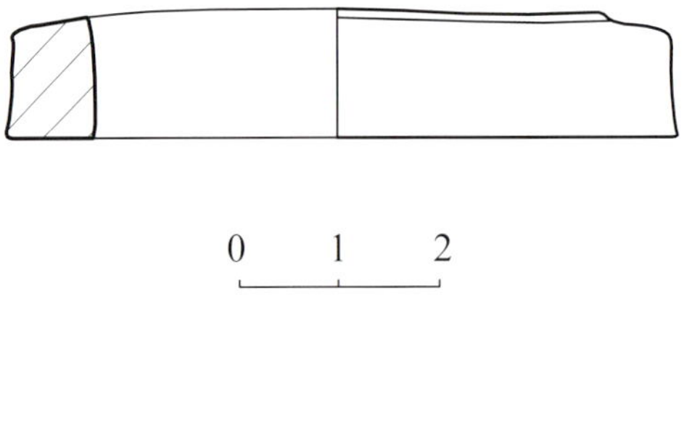

标本2009JDY采集：12，残。红褐胎，胎质粗疏。内壁散布窑渣，外壁粘连有灰青色釉。残高8.4、直径19.8厘米。

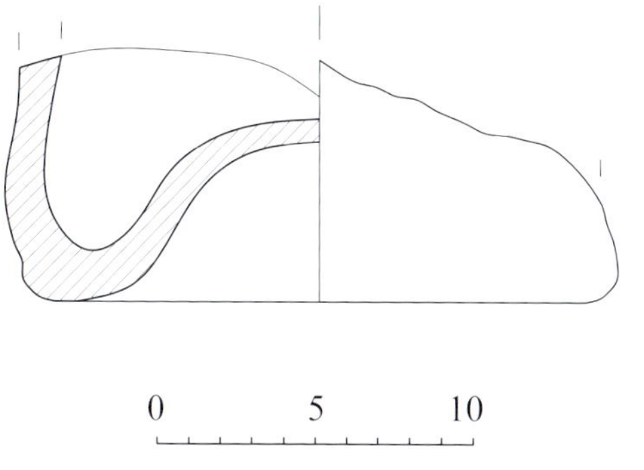

标本2009JDY采集：13，可复原。灰褐色胎，胎质粗疏。内壁呈青灰色，外壁呈灰褐色，局部可见黑褐色斑块。高8.5、直径22.2厘米。

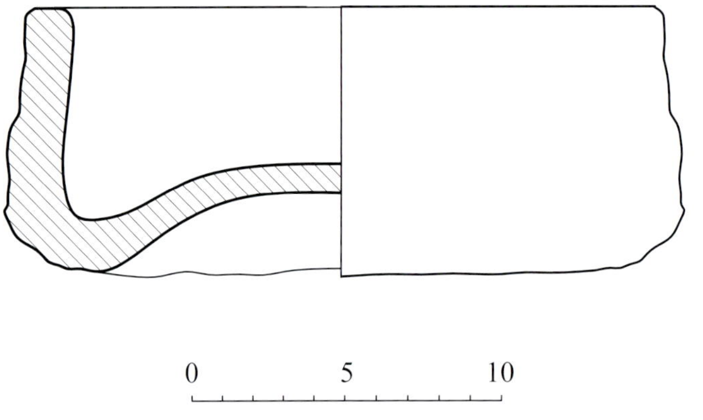

（二）装烧工艺

碗、壶类瓷器采用垫圈，于匣钵内装烧，部分碗类产品为多器一匣叠烧。韩瓶、罐类粗瓷采用支座裸烧。

四、价值与保护

该窑址采集品中蓝色、蓝白色窑变釉的发现，对浙江地区类钧釉瓷器烧造情况的研究具有相应价值。以往，在金华地区有此类窑址发现，其中较有代表性的有铁店窑，该类产品在杭州地区各遗址考古中也屡见不鲜，其归属一直是我们思考的问题之一。

同时，该窑址的发现，丰富了浙江地区瓷窑址考古的内涵，为古陶瓷研究增添了新的资料。

该窑址属陈店村集体用地，目前尚用于农业生产。（图3-9窑址现状）保存状况较好，山脚下原有池塘用于清洗陶泥，现已填平为农田，目前窑址文化堆积上植被生长茂盛，造成一定的生物性破坏，又因窑顶有部分被改为农用地，在农业生产活动中可能会对窑顶产生一定破坏。该窑址于2010年5月被建德市人民政府核定为建德市市级文物保护单位，与当地镇、村签订了文物保护责任制，依法进行保护。

图3-9

第四节　后山窑址

后山窑址位于大慈岩镇陈店村窑口后山，编号2009JDH（其中：J-建德市，D-大慈岩镇，H-后山）。窑址所在处为一山间土丘，南侧有一水塘，西北侧平地现为耕地，种植荷花，东侧为窑口自然村农户聚集区，有溪流在窑口自然村东北侧自西北向东南流经，现代乡间公路东北—西南向穿过窑址堆积。（图3-10后山窑址位置图）

一、堆积状况

窑址堆积主要位于土丘北部及其西侧凸坡。窑址面积约10000平方米，文化层堆积面积约4000平方米，堆积厚度0.5—1.2米。地表随处可见散落堆积，根据地表瓷片、窑具残片等分布情况看，以现代乡间公路为界，高于乡间公路的坡地上，堆积相对单一，以韩瓶和支座为主，基本不见其他器形残件，而低于乡间公路的坡地上，地表采集遗物类型相对较丰富，瓷器施釉，制作较精，窑具可见匣钵、垫圈等。（图3-11窑址堆积）

二、产品及其特征

（一）产品

采集青瓷残件（片）共99件，包括碗、罐、执壶和韩瓶。其中，碗残件68件（包括叠烧粘连者2组，外底粘连垫圈者1组，各以1件计），罐残件3件，执壶残件3件，韩瓶残件25件。

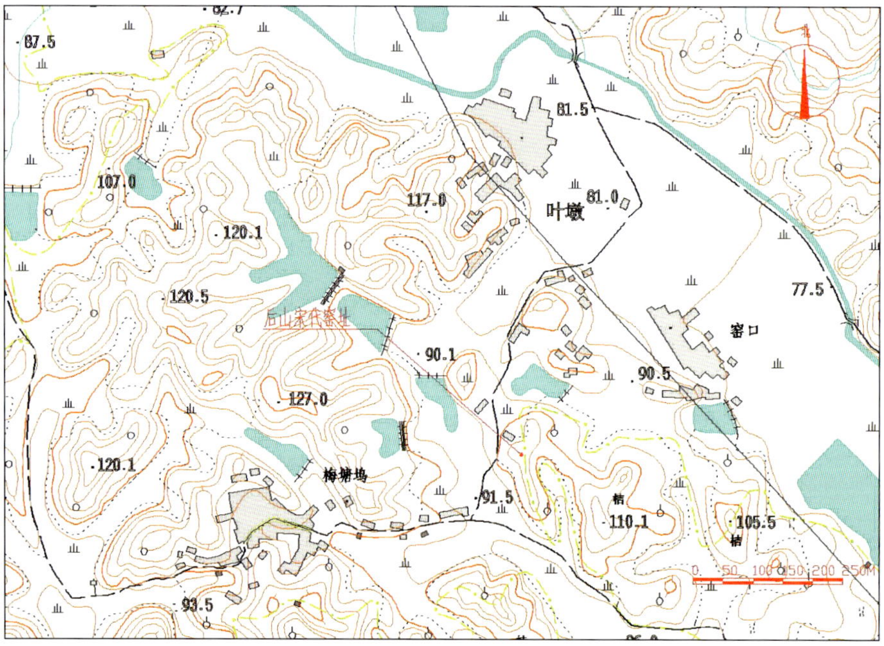

图3—10

图3—11

碗

标本2009JDH采集：29，口腹残件。圆唇，口微外侈，斜弧腹。灰胎，胎质较细。釉色灰青，泛黄点。残高3.9、口径25.5厘米。

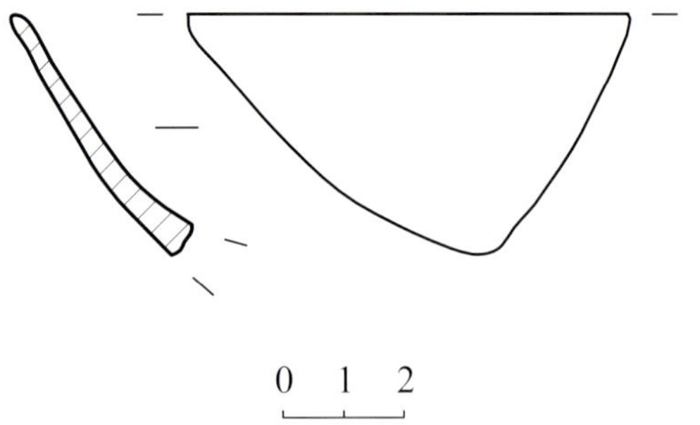

标本2009JDH采集：30，口腹残件。尖圆唇，敞口，斜弧腹。黄褐胎，胎质较粗，可见零星细小气孔。釉色青黄，开片极细碎。外壁有凹凸弦纹数道。残长4.4、残宽4.0厘米。

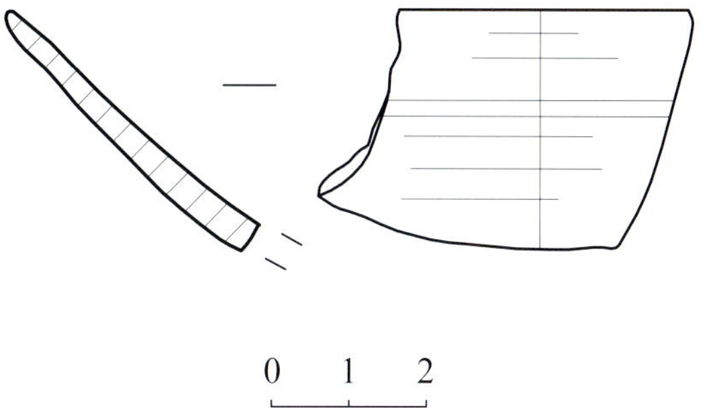

标本2009JDH采集：22，腹底残件。斜弧腹，内底压圈，圈足足壁较直，足底平。深灰胎，胎质偏粗。釉色灰青偏黄，开片极细碎，施满釉，足底刮釉。内底可见垫烧痕。残高4.4、足径7.2、足高0.8厘米。

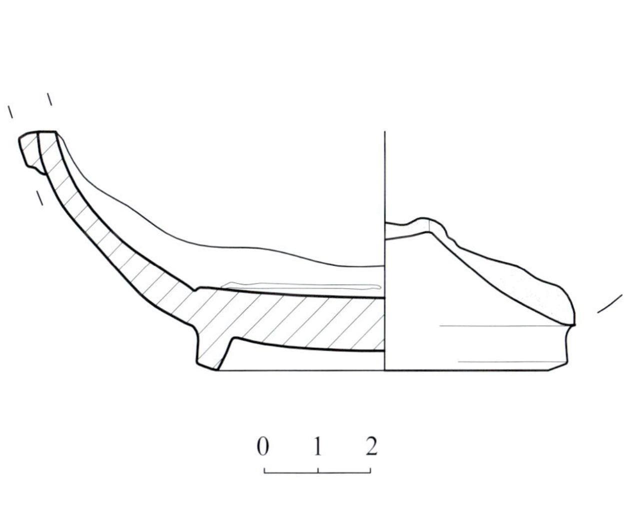
0 1 2

标本2009JDH采集：24，腹底残件。弧腹，内底压圈，底心稍上凸，圈足足壁较直。深灰胎，胎质粗，散布气隙。釉色灰青偏黄，窑变处显蓝白色，开片极细碎，施满釉。外底有垫具粘连。残高3.8、足径6.2、足高0.9厘米。

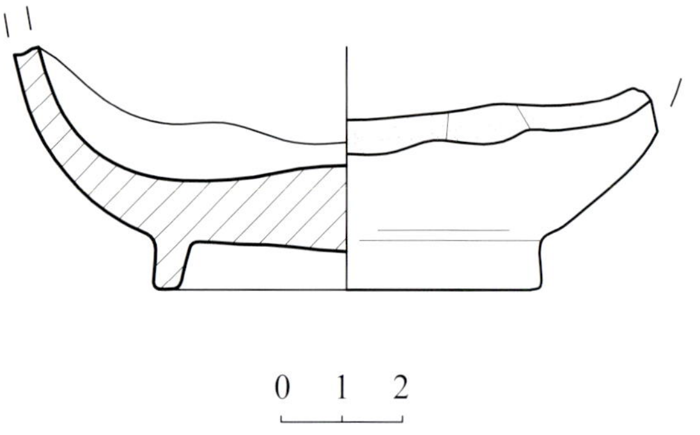

标本2009JDH采集：10，腹底残件。弧腹，内底欠平整，圈足稍内敛，挖足较浅。深灰胎，胎质较粗，散布气隙。釉色青灰，开片极细碎，施满釉。外底可见垫烧痕。残高4.6、足径6.6、足高1.0厘米。

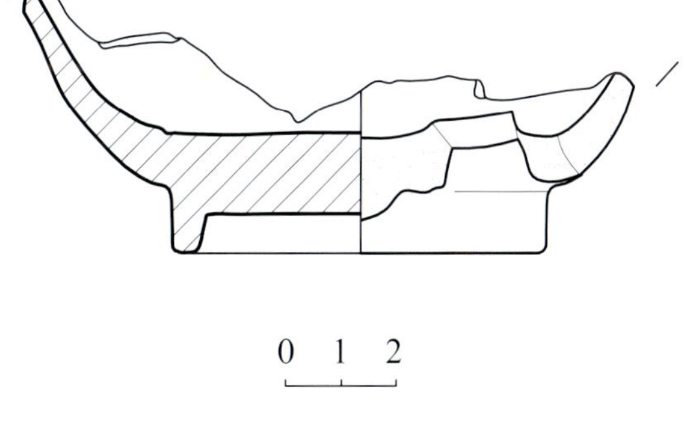

标本2009JDH采集：21，腹底残件。弧腹，内底压圈，圈足，挖足较浅，腹足连续处修削明显。深灰胎，胎质较粗，可见气隙。釉色青黄，开片极细碎，施满釉，足底无釉。内底可见垫烧痕。残高2.7、足径5.8、足高0.8厘米。

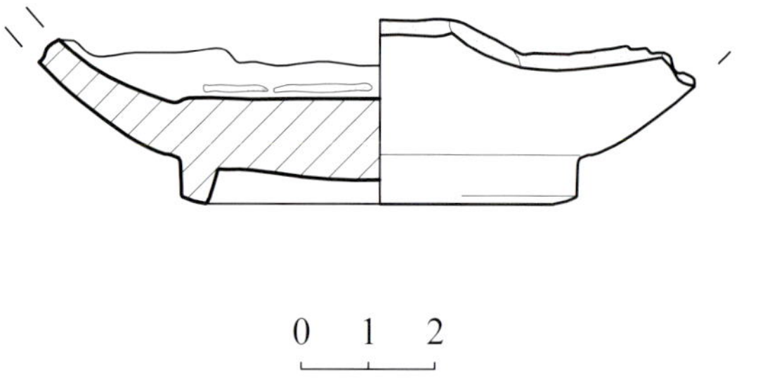

标本2009JDH采集：11，腹底残件。弧腹，圈足，挖足较浅。深灰胎，胎质较细，可见气隙。釉色灰白乳浊，开片极细碎，施满釉。外底可见垫烧痕。残高2.8、足径6.8、足高1.0厘米。

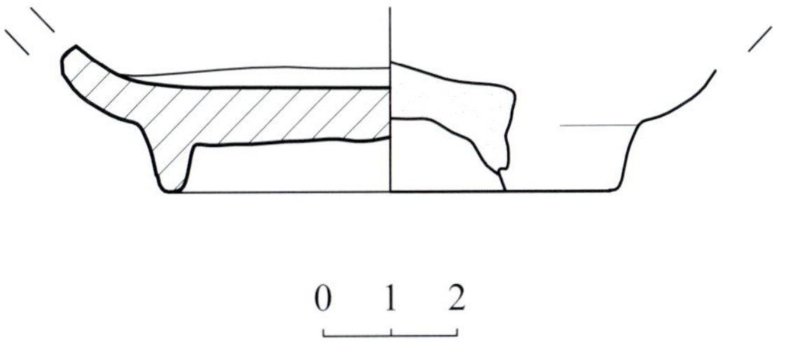

标本2009JDH采集：12，腹底残件。斜弧腹，内底压圈，底心下凹，圈足内敛，挖足较浅，足底宽平。灰褐胎，胎质偏粗，散布气隙。釉色灰青，内壁窑变蓝白色釉，施釉不及底。残高3.0、足径6.7、足高0.7厘米。

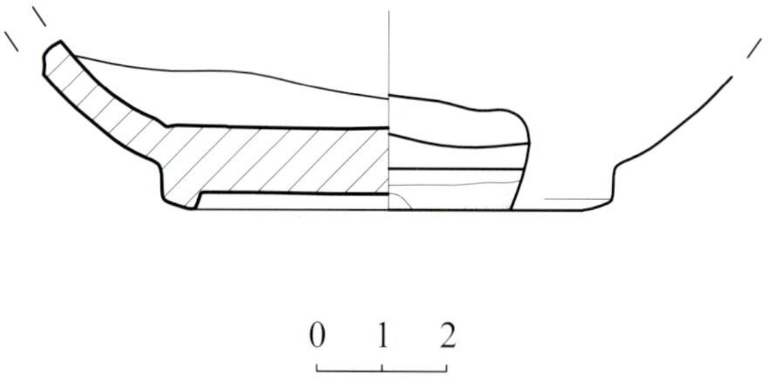

标本2009JDH采集：13，腹底残件。斜弧腹，内圜底，圈足稍内敛，挖足，足底较平，外底心下凸。深灰胎，胎质较细，可见气隙。釉色灰青，局部窑变显淡蓝色，有开片，施釉未及底。内底可见垫烧痕。残高2.6、足径4.7、足高0.7厘米。

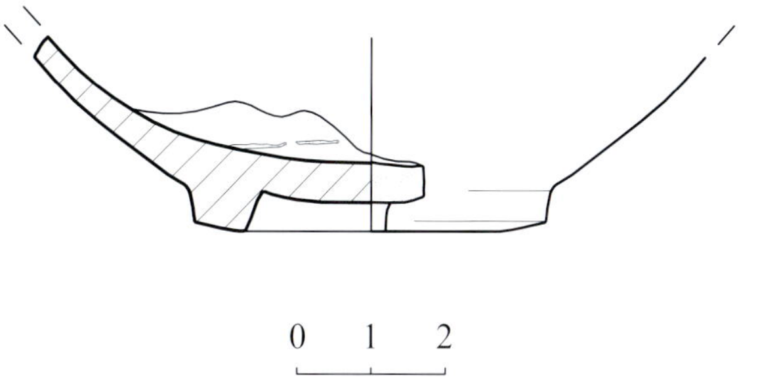

标本2009JDH采集：23，腹底残件。斜弧腹，内底压圈，圈足微内敛，挖足，腹足连续处修削明显。灰褐胎，胎质较细，可见气隙。釉色灰青，局部窑变显蓝色，有细碎开片，施釉未及底。内底可见垫烧痕。残高3.3、足径6.4、足高0.6厘米。

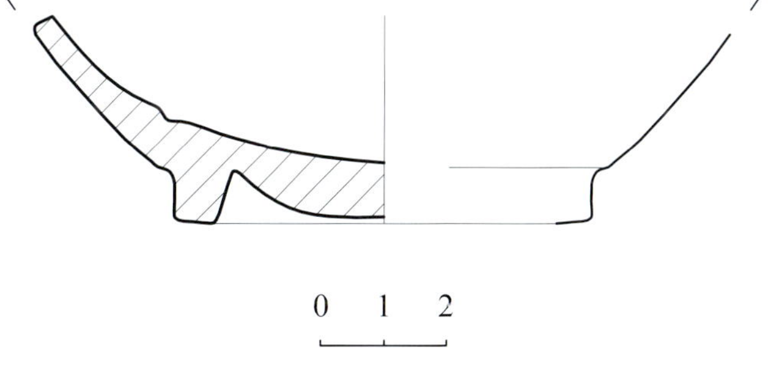

标本2009JDH采集：16，底部残件。圈足，挖足。灰褐胎，胎质较粗，可见细小气隙。釉色窑变显蓝白，施釉不及底。内底可见垫烧痕。残高2.3、足径6.6、足高0.9厘米。

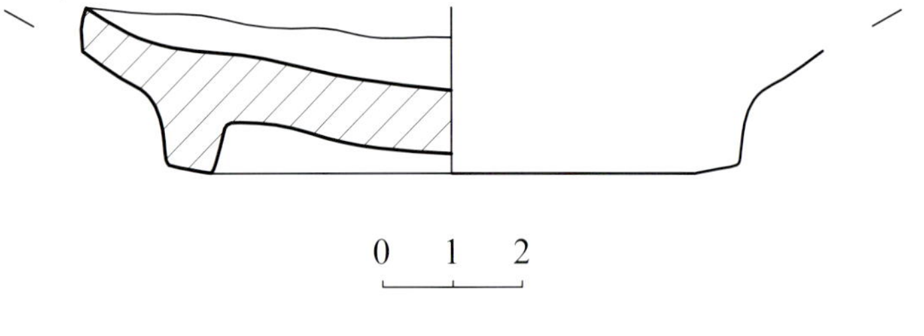

标本2009JDH采集：26，腹底残件。斜腹，内圜底，圈足足壁较直，足跟部经修削，挖足较浅。深灰胎偏褐，胎质较粗。釉色青褐，光泽差，内壁无釉，外壁仅腹部施釉。残高2.8、足径8.4、足高0.9厘米。

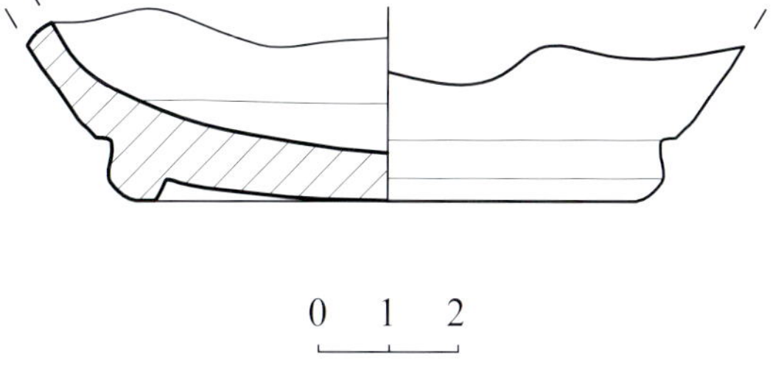

罐

标本2009JDH采集：18，腹部残件。鼓腹。深灰胎，胎质较粗。釉色窑变显淡蓝。内壁可见轮旋痕。残长10.1、残宽5.5厘米。

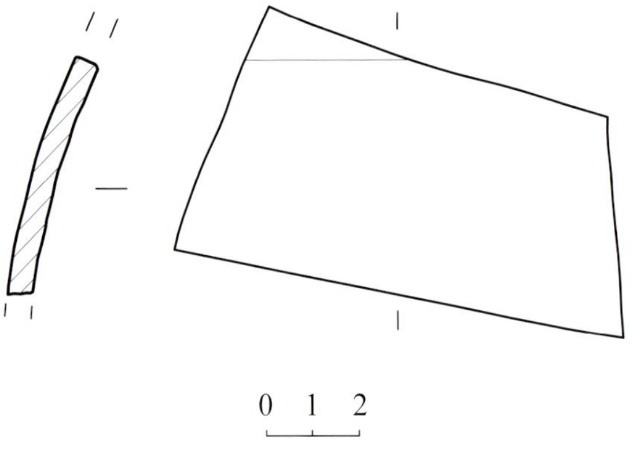

执 壶

标本2009JDH采集：1，口颈部残件。喇叭口，长颈，把扁宽。深灰胎，胎质细腻。釉色灰青，窑变处显蓝白色，光泽差。残高8.9、残存喇叭口直径9.5厘米。

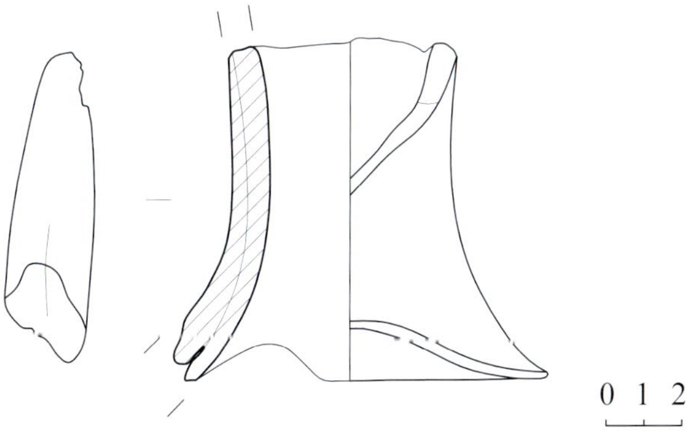

标本2009JDH采集：28，肩部残件。端肩。深灰胎，胎质细腻。釉色灰青偏黄，开片极细碎，内外壁均有釉。外壁饰凸弦纹。残长8.3、残宽3.8厘米。

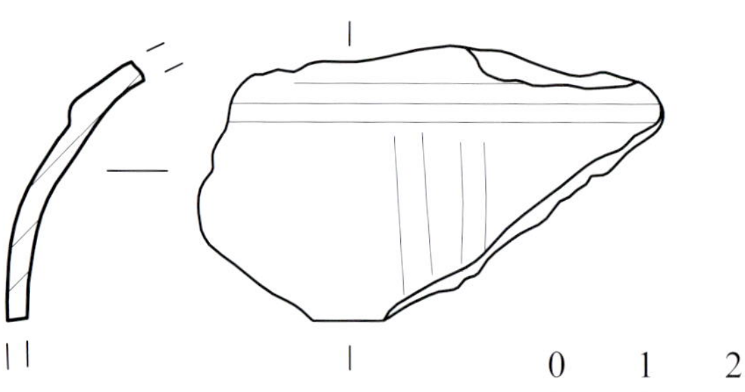

标本2009JDH采集：2，腹部残件。鼓腹。灰胎，胎质较细。釉色灰青，窑变处显淡蓝色，开片极细碎，内外壁均有釉。外壁饰凸弦纹，内壁可见轮旋痕。残长8.0、残宽4.5厘米。

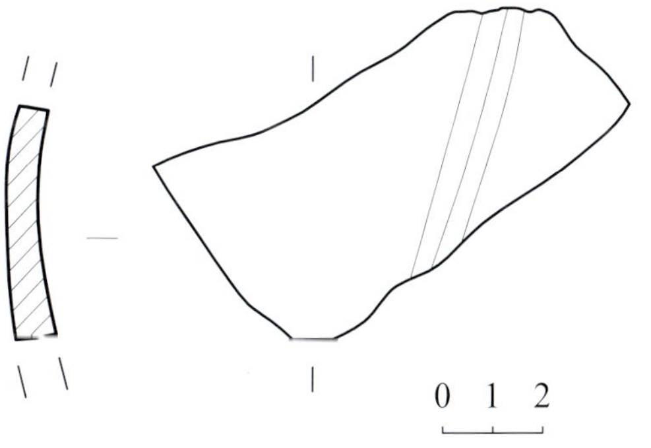

韩　瓶

标本2009JDH采集：20，稍残。圆唇，敞口，束颈，溜肩，腹斜收，外底较平。黑胎，胎质较粗，可见气孔。局部有釉，表面呈灰青偏褐色，光泽差。高23.4、口径5.3、腹径9.3、底径4.1厘米。

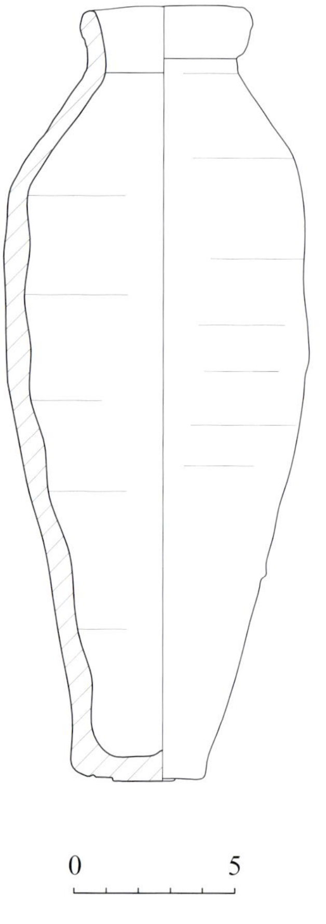

标本2009JDH采集：17，残。圆唇，敞口，长束颈，溜肩，斜弧腹。深灰胎，胎质较粗，散布气隙。表面显黄褐色，散布窑渣。残高10.0、口径7.2—9.1厘米。

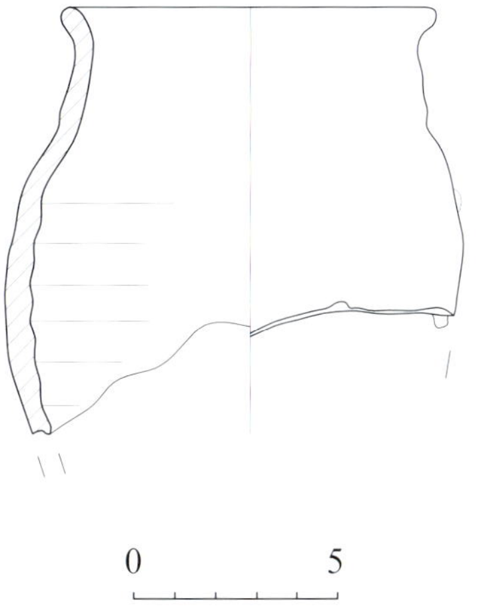

标本2009JDH采集：31，残。圆唇，敞口，束颈。黑胎，胎质较粗，可见细小气孔。釉薄，灰青色，光泽差。残高3.7、口径5.4厘米。

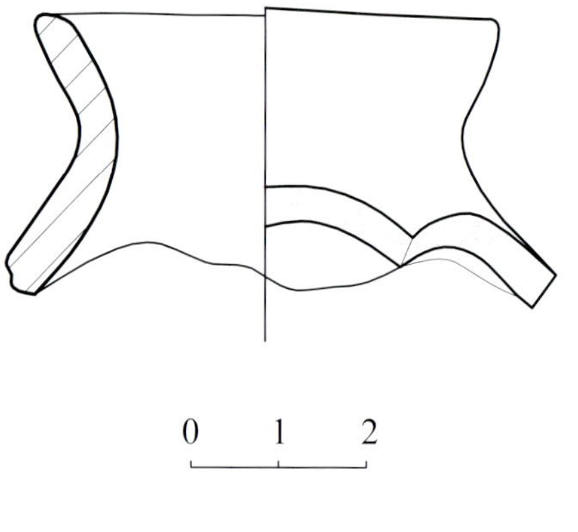

标本2009JDH采集：27，残。斜弧腹，平底。深灰胎，胎质较粗。表面显灰青、灰黄色，散布窑渣。器壁可见轮旋痕。残高12.4、底径6.1厘米。

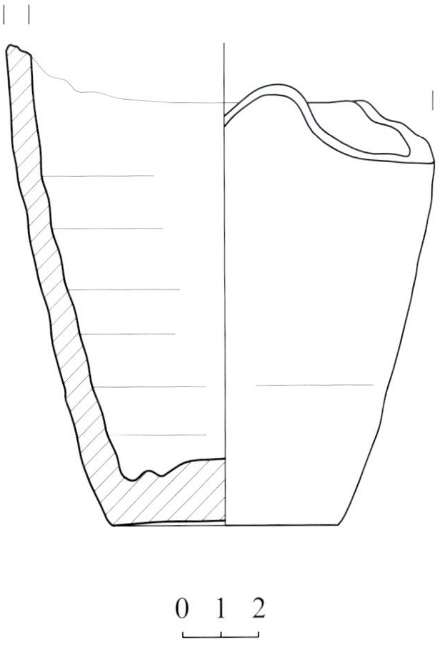

标本2009JDH采集：9，腹部残件。斜弧腹。深灰胎，胎质偏粗。釉色青黄，局部窑变显蓝白，釉面散布芒眼。内壁可见轮旋痕。残长8.0、残宽6.3厘米。

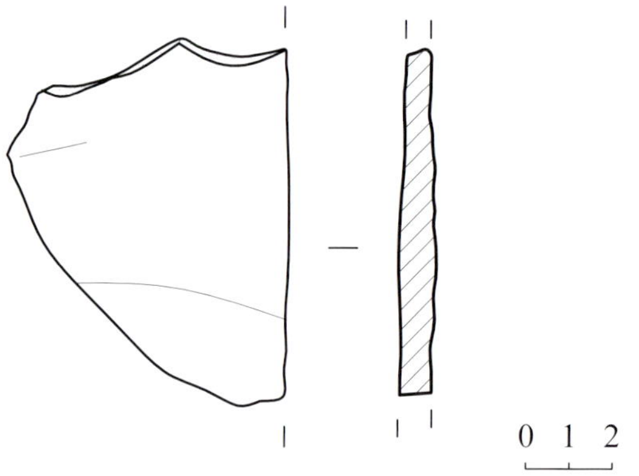

标本2009JDH采集：19，腹部残件。黑胎，胎质偏粗。釉色深青，欠光泽。内壁可见轮旋痕。残长6.1、残宽5.6厘米。

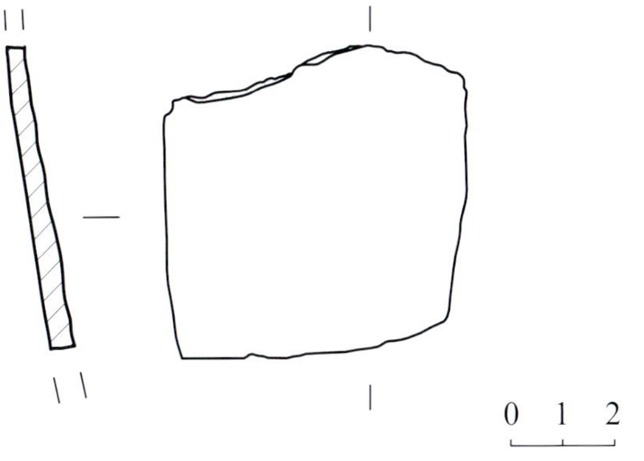

（二）产品特征

后山窑址所产瓷器制作上有粗细之分。韩瓶、罐类器物制作较粗，黑胎，胎质粗，施釉者多不匀，釉色多显灰青色，或偏黄、褐，器形欠规整，裸烧而成，表面多较粗燥，散布窑渣。制作较精者有执壶、碗等，胎色深灰，较细，青釉，偏灰、绿、黄等，部分产品釉面泛黄白点，或为蓝色、蓝白色窑变釉，施满釉或施釉不及底，施釉处釉层均匀，成型多较规整。

三、窑具及其装烧工艺

（一）窑具

采集窑具共27件，包括匣钵、支座和垫圈。其中，匣钵残件12件，支座及其残件9件；垫圈及其残件6件。

匣钵：M形，筒形圈足，承碗（盘等）部呈盘状，胎质粗。

标本2009JDH采集：7，稍残。表面呈灰褐色。高9.3、盘径21.5、足径19.4厘米。

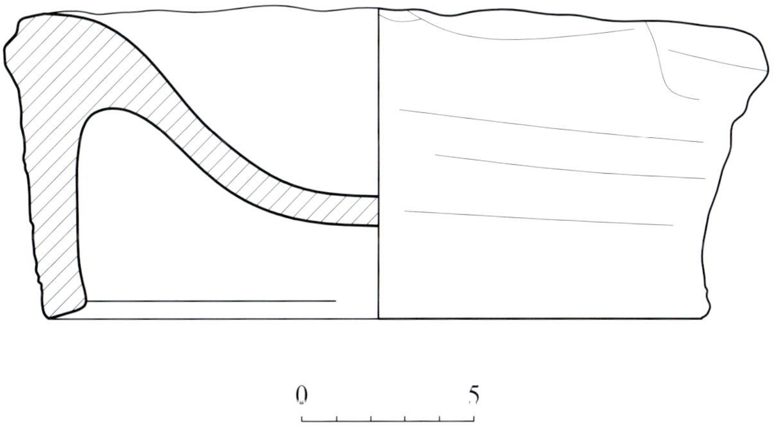
0
5

支座：腰鼓形，平顶，束腰，底足呈喇叭口形外撇，近顶处多有数处指捏凹窝，胎质粗。

标本2009JDH采集：6，完整。表面呈灰色，口部粘连泥点。高13.8、口径7.7、底径8.3厘米。

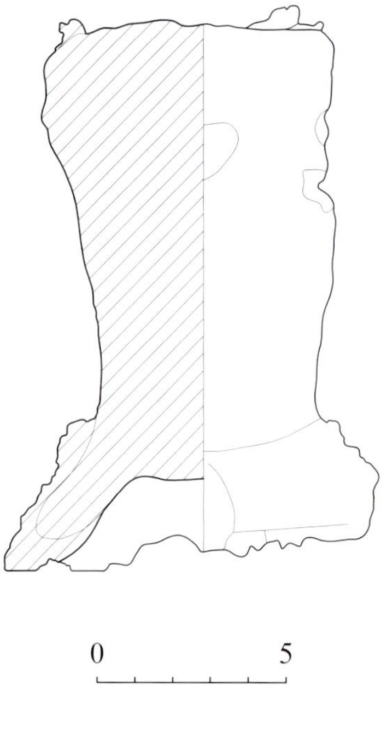

标本2009JDH采集：4，可复原。表面呈灰褐色。高13.0、口径12.6、底径14.6厘米。

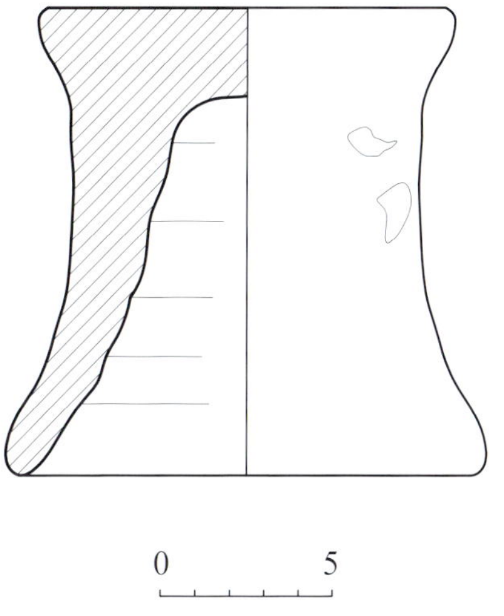

垫圈：环形，切面长方形，胎质较粗。

标本2009JDH采集：8，完整。表面呈褐色。高1.3、厚0.7、直径3.7厘米。

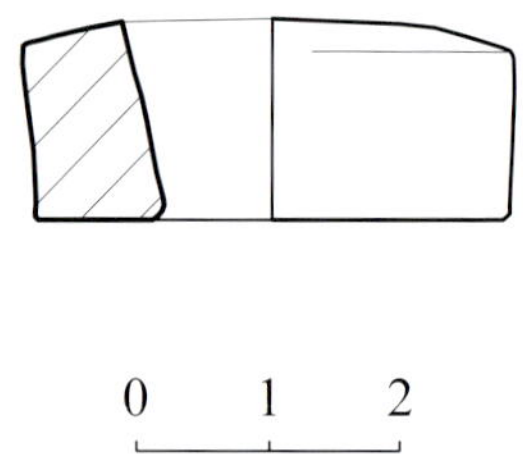

标本2009JDH采集：5，完整。表面呈赭色。高1.3、厚0.8、直径4.5厘米。

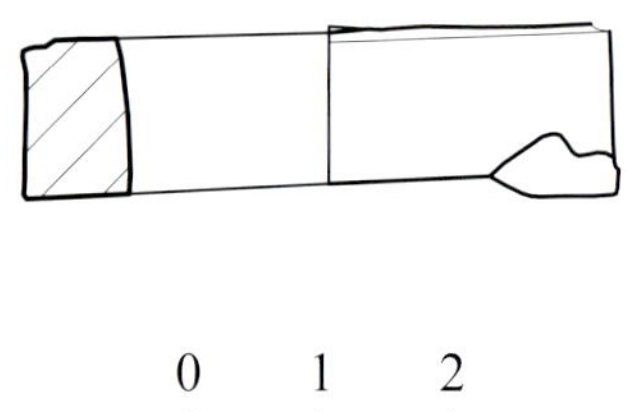

标本2009JDH采集：3，完整。表面呈黄褐色。高1.1、厚0.8、直径6.4厘米。

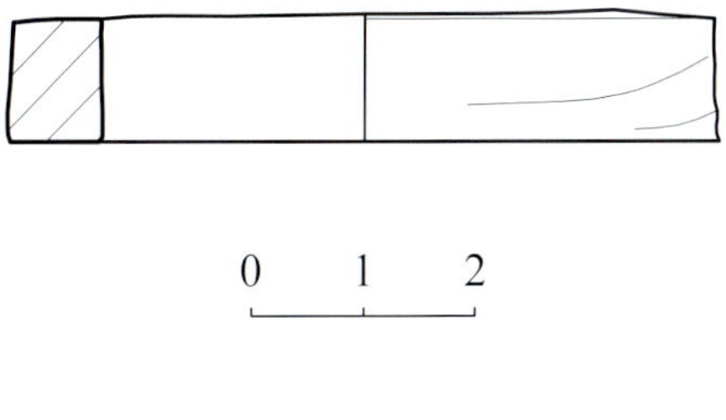

（二）装烧工艺示例

碗类产品以叠烧为常见，韩瓶为支座裸烧。

标本2009JDH采集：14，粘连两碗残件。碗间垫泥点。两碗均为腹底残件，斜弧腹，圈足稍内敛，挖足。灰褐色胎，胎质较粗，散布气隙。釉色青灰偏黄，开片细碎，施釉不及底，底碗底部可见垫烧痕迹。残高6.5、底碗足径7.5、足高0.8厘米。

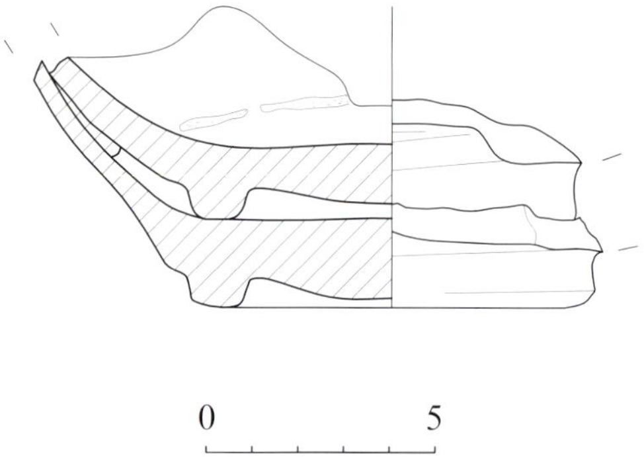

标本2009JDH采集：15，粘连五碗，变形。垫泥点叠烧。碗均为圆唇，折沿，斜弧腹，圈足，挖足。红褐色胎，胎质细腻，散布气隙。釉色灰青偏黄，最上部碗内壁局部窑变蓝色釉，开片细碎，施釉不及底，底碗底部可见垫烧痕迹。残高13.7、底碗足径6.8、足高0.9厘米。

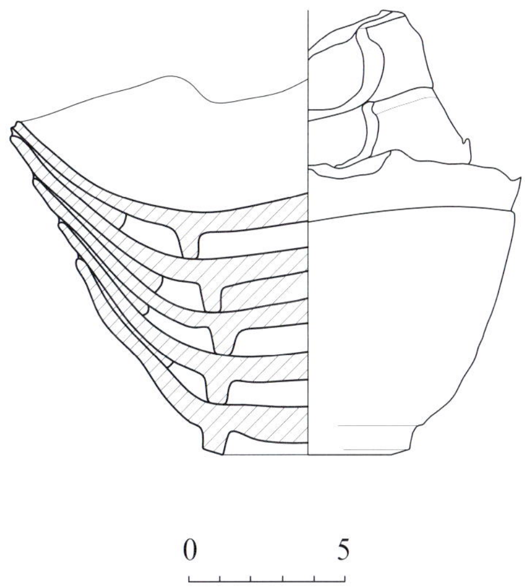

标本2009JDH采集：25，碗底粘连垫圈，残。碗，斜弧腹，圈足内敛，挖足较浅，内底上凸。灰褐色胎，胎质细腻。釉色青绿偏灰，施满釉，开片细碎，施釉不匀。器表粘有窑渣。垫圈，完整。红褐色。垫圈直径4.1厘米，支于碗外底，垫圈与碗间有空隙，夹泥点。残高2.9、碗足径6.1—6.6、足高0.9厘米。

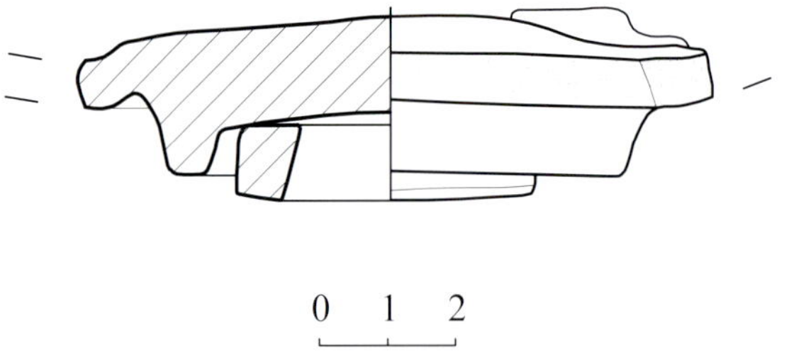

四、价值与保护

该窑址面积大，堆积丰富，烧造瓷器中又不乏制作较精者，而且也产窑变的类钧釉瓷器，地理位置接近窑坞窑址，在胎料、釉色、装烧方法上两窑产品特征相仿。此类产类钧釉器窑址的发现，为我们进一步研究浙江地区类钧釉或仿钧瓷器生产情况，其产品与北方钧窑关系、以及器物类型特征所具有的地方特色等问题，提供了更多实物资料。

韩瓶与碗等其他类型产品分窑专烧，体现了其在烧造时分工的细化，可见当时对韩瓶的需求量应较大。同时，为我们研究遗址中出土韩瓶的来源问题予以重要启发。

该窑址属陈店村集体用地，目前尚用于农业生产。保存状况较好，但窑址文化堆积上现为种植地，南面又有新建房屋，对窑址产生一定程度的破坏（图3-12窑址现状）。该窑址于2010年5月被建德市人民政府核定为建德市市级文物保护单位，与当地镇、村签订了文物保护责任制，依法进行保护。

图3—12

第五节　倪家窑址

倪家窑址位于大洋镇倪家村上蒋自然村缸窑仂，编号2009JDN（其中，J-建德市，D-大洋镇，N-倪家）。窑址邻近兰江主河道，窑址所在处为一平缓凸坡，北、东、西三侧均有水塘。（图3-13、图3-14倪家窑址位置图）

一、堆积状况

窑址面积约6500平方米，文化层堆积面积约2500平方米，堆积厚度0.6—1.2米。地表散落瓷片、窑具残件等，局部聚集成堆，在凸坡中部及西侧可见红烧土碎块。瓷片以带釉粗瓷为主，多见罐、缸类废品堆积，碗类产品少见，制作较粗，器形、釉色单一。地表可见大量支座

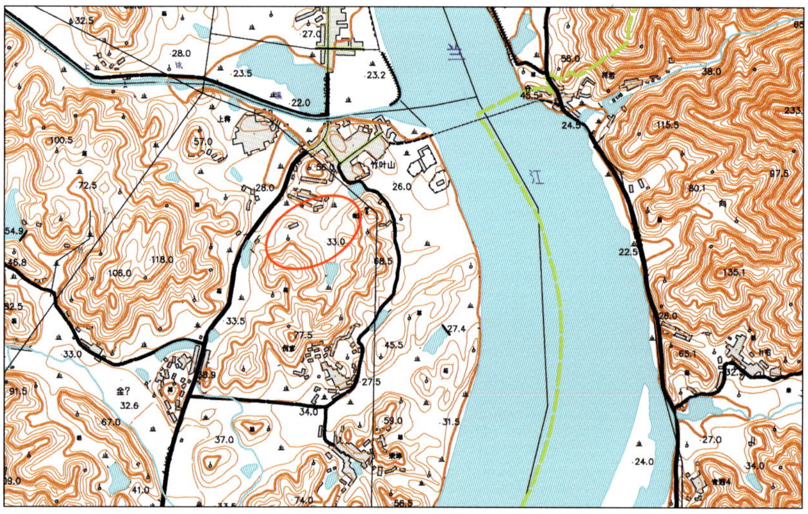

图3-13

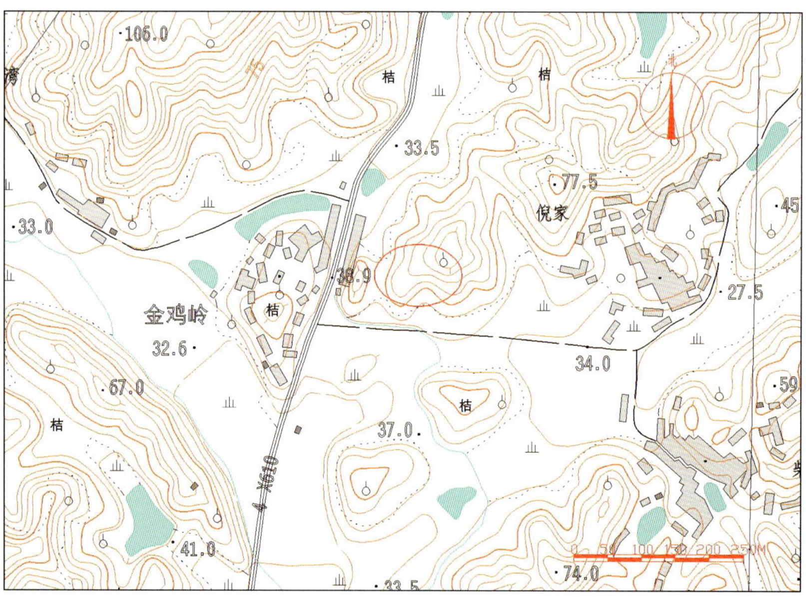

图3-14

及其残件。（图3-15窑址堆积）

二、产品及其特征

（一）产品

采集瓷器残件（片）共67件，器形以罐为主，另有碗、缸、器座等。其中罐残件57件，碗残件6件（其中1件淡青釉、黄褐胎、内底有涩圈者应非该窑产品），缸口残件3件，器座1件。

罐

罐类产品以四系罐为主，另有广口束颈罐及罐残件。

四系罐

未见完整及可复原器，胎色深灰或灰褐，胎质多较粗，气隙多较明显。

图3-15

标本2009JDN采集：7，口腹残件。敞口，圆唇，斜颈，鼓腹，领部有一环形耳。红褐色胎，质较粗，夹杂黑色小颗粒。蓝白色乳浊釉。腹壁可见轮制痕迹。残长7.5、残宽10.0厘米。

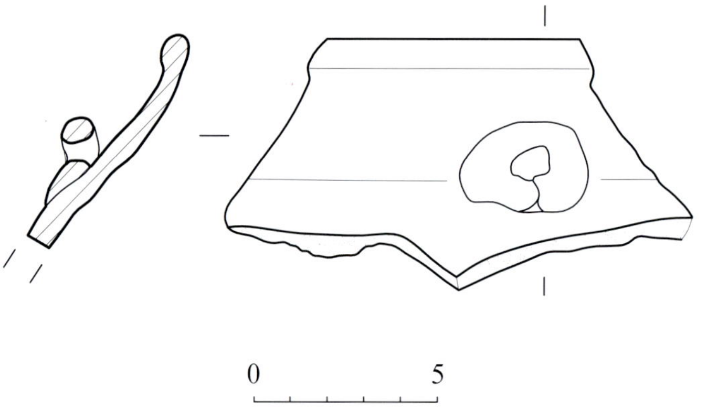

标本2009JDN采集：10，口腹残件。敞口，圆唇，领部弧曲，溜肩，肩部有一环形耳。红褐色胎，胎质较粗，夹杂较大颗粒。釉侵蚀严重。可见轮制痕迹。残长9.0、残宽11.0厘米。

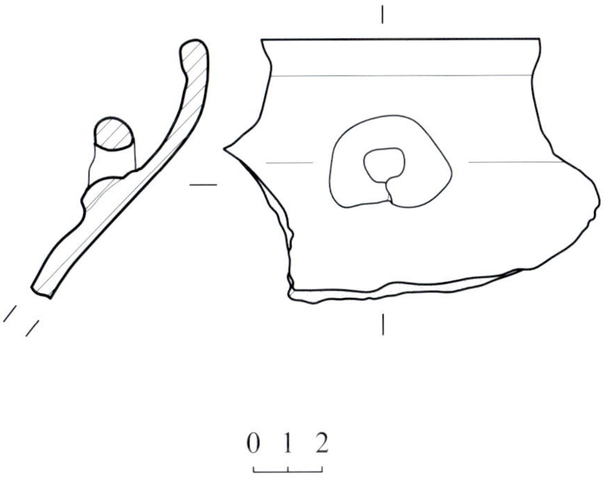

标本2009JDN采集：11，腹部残片。肩部有一环形耳。灰色胎，有气孔。蓝白色乳浊釉。残长7.5、残宽4.9厘米。

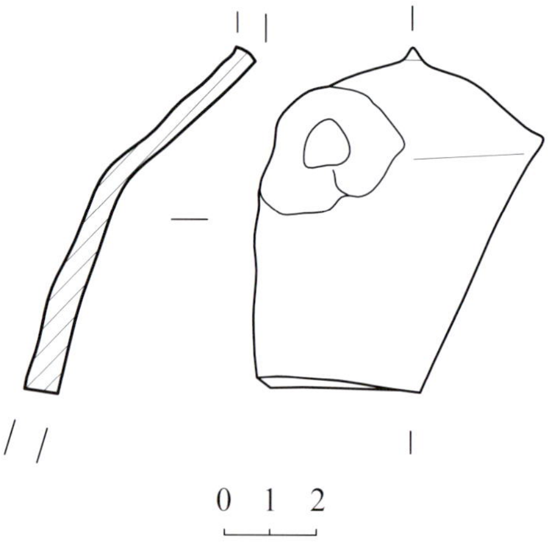

标本2009JDN采集：12，口腹残件。敞口，圆唇，斜领，溜肩，领肩连续处旋修出凸棱并有一横桥状耳。灰白色胎，胎质较粗，夹杂灰褐色颗粒。蓝白色乳浊釉。器表有大量窑渣。内壁可见轮制痕迹。残长9.4、残宽7.8厘米。

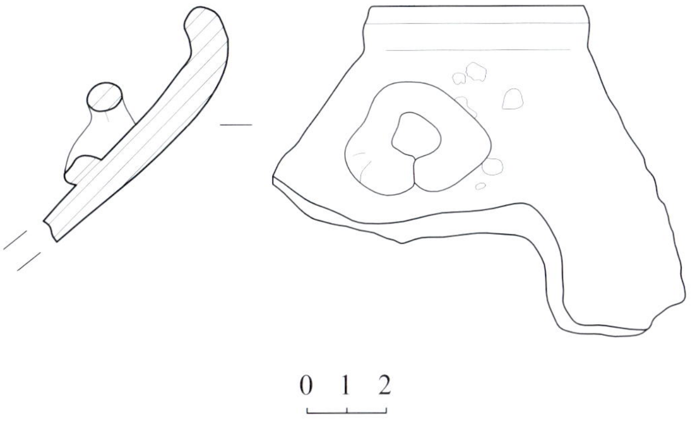

标本2009JDN采集：13，口腹残件。敞口，圆唇，支领，鼓肩，肩部有一环形耳。灰胎，胎质较细，有气隙。釉色青灰偏黄。残高10.3、残宽9.8厘米。

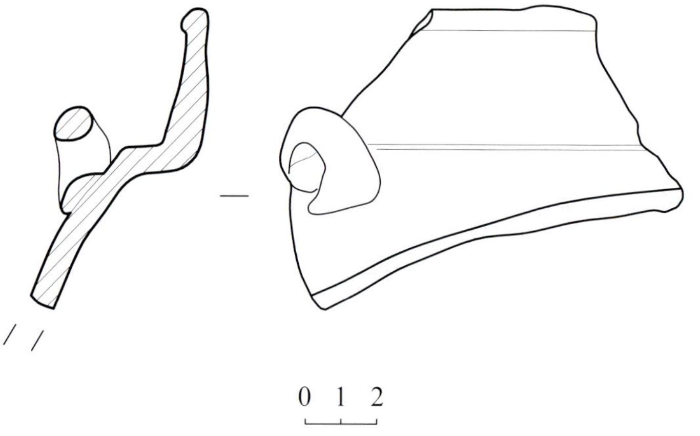

标本2009JDN采集：33，口肩残件。圆唇，卷沿，斜领，溜肩，领肩连续处饰有环耳。灰褐色胎，胎质粗疏，夹杂细小颗粒，散布气隙。釉色灰黄，施釉不匀。可见轮制痕迹。残高12.6、残宽12.9厘米。

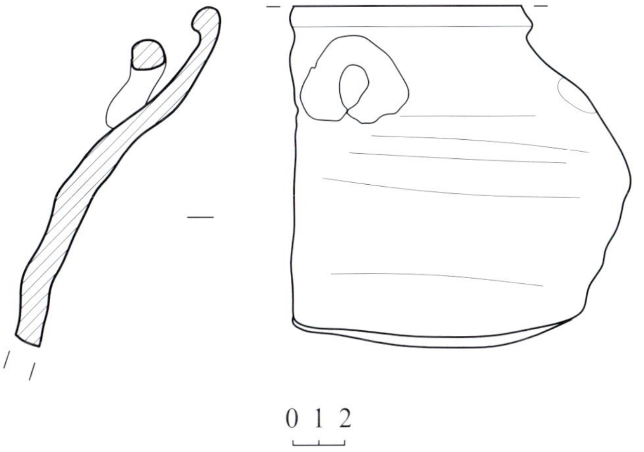

标本2009JDN采集：34，口腹残件。圆唇，卷沿，斜领，溜肩，鼓腹，领肩连续处饰环耳。灰褐色胎，胎质粗疏，夹杂细小颗粒，散布气隙。通体不施釉，整体呈灰褐色。残高9.7、残宽9.3厘米。

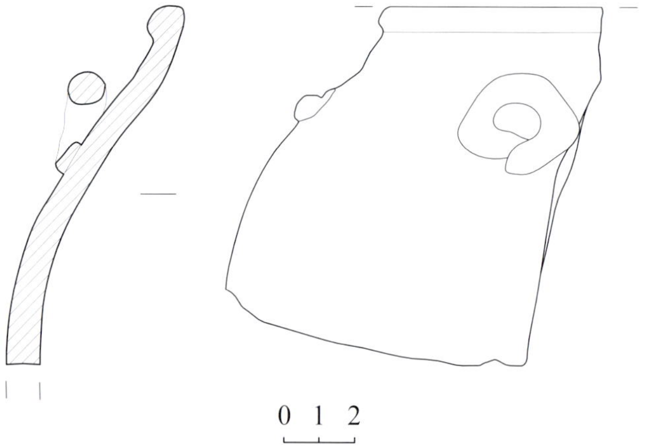

标本2009JDN采集：41，腹部残件。鼓腹，腹部有耳。红褐色胎，胎质较粗，夹杂有细小颗粒。内壁不施釉，外壁釉色黑褐，局部窑变蓝色釉，开片细碎。残高8.5厘米。

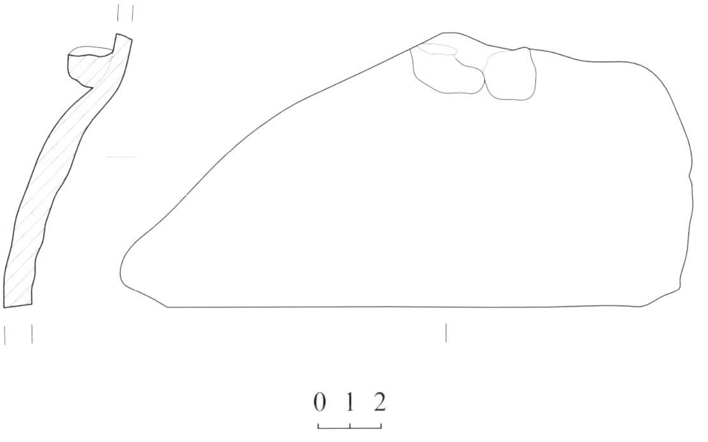

标本2009JDN采集：26，腹部残件。鼓腹。红褐胎，胎质细腻，有气隙。釉色青黄，釉层较薄，部分有剥蚀。器身饰一半环耳。残长5.6、残宽5.0厘米。

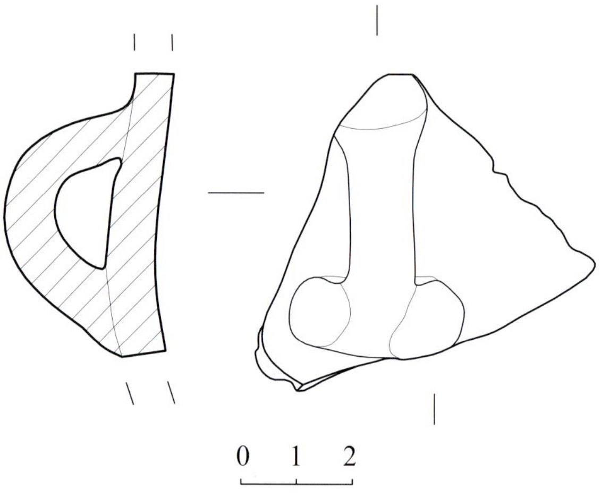

广口束颈罐

敞口，束颈，溜肩，鼓腹。

标本2009JDN采集：21，口腹残件。方唇，敞口，溜肩，鼓腹。红褐胎，胎质细腻，有气隙。通体无釉。外壁下部饰一道凸弦纹。残长8.8、残宽8.1厘米。

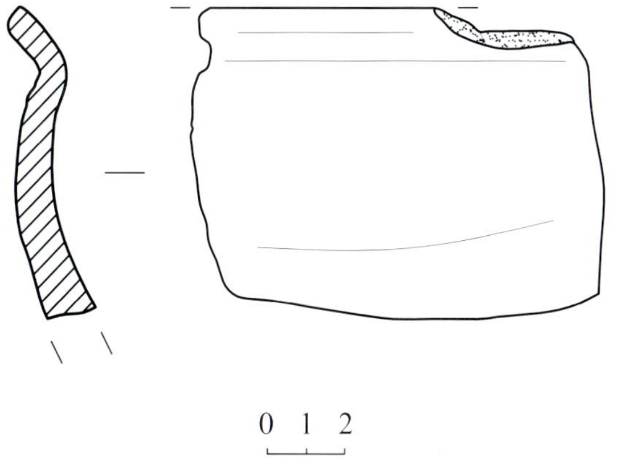

标本2009JDN采集：15，口腹残件。敞口，方唇，束颈，溜肩。灰黑色胎，质地较细，有气隙。灰白色乳浊釉，土沁严重。残高5.2厘米。

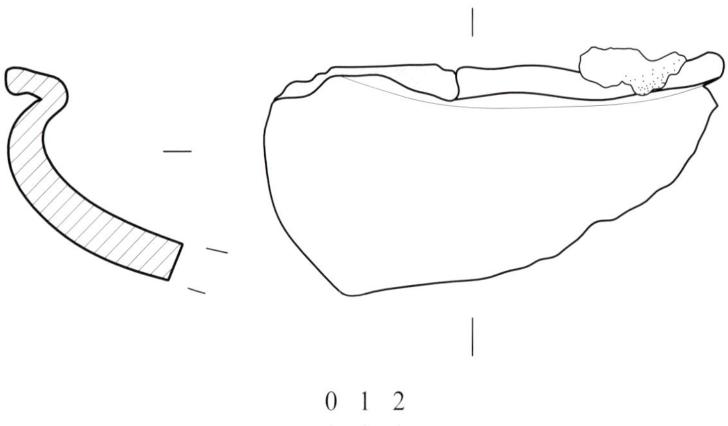

标本2009JDN采集：19，口腹残件。敞口，圆唇，束领，鼓肩，腹部斜收。灰黑色胎，胎质较细，有气隙。灰白色乳浊釉。内壁土沁严重。残长11.2、残宽9.0厘米。

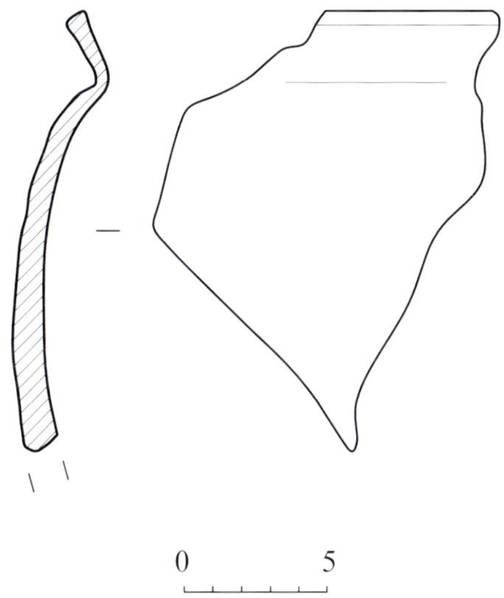

标本2009JDN采集：38，口腹残件。圆唇，敞口，卷沿，无颈，圆肩，斜鼓腹。灰褐色胎，胎质粗疏，夹在细小颗粒，散布气隙。内壁釉色青黄，外壁为窑变蓝白釉，但大部分已剥蚀。可见轮制痕迹。残高8.4、残宽9.4厘米。

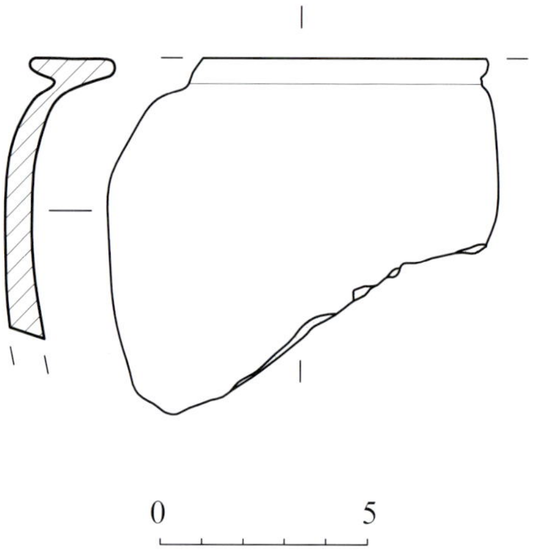

标本2009JDN采集：39，口腹残件。圆唇，敛口，斜领，鼓腹。灰褐色胎，胎质细腻，夹杂细小颗粒，有气隙。通体未施釉。颈腹接处有龟裂。残高9.4、残宽2.2厘米。

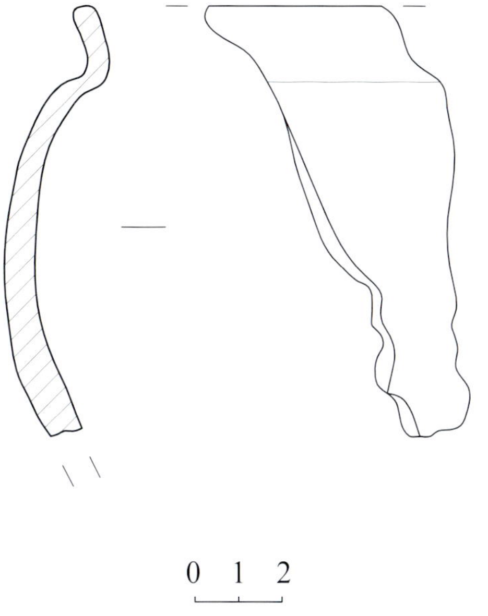

罐残件

标本2009JDN采集：1，腹底残件。上腹鼓，下腹斜收，平底。红褐胎，质较粗，夹杂细小颗粒。灰白色釉，施釉不及底，釉面有大量气孔。腹壁可见轮制痕。残高20.5、底径10.5、鼓腹部厚0.6—0.9厘米。

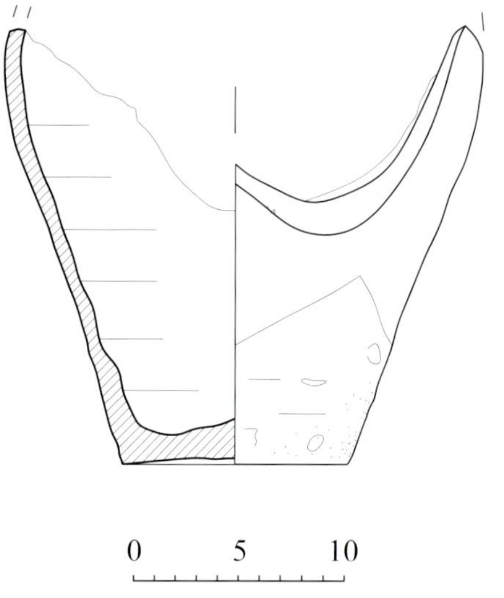

标本2009JDN采集：30，腹底部残件。下腹斜收，下平底。红褐色胎，胎较厚，胎质较粗，夹杂细小颗粒，散布气隙。釉色青黄，施满釉，内壁清晰可见泥条盘筑痕迹。残高9.7、底径9.1厘米。

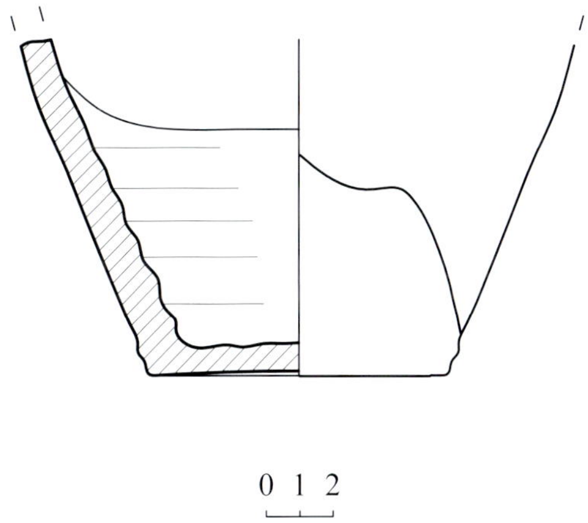

标本2009JDN采集：31，腹底残件。上鼓腹，下腹斜收，小平底。灰褐色胎，胎质细腻，散布气隙，下腹部、底部有龟裂。釉色青灰，釉薄，施釉不匀，施满釉，底部窑变蓝白色釉，底部、上腹部釉有剥蚀，内壁有土沁痕。残高9.2、底径6.8厘米。

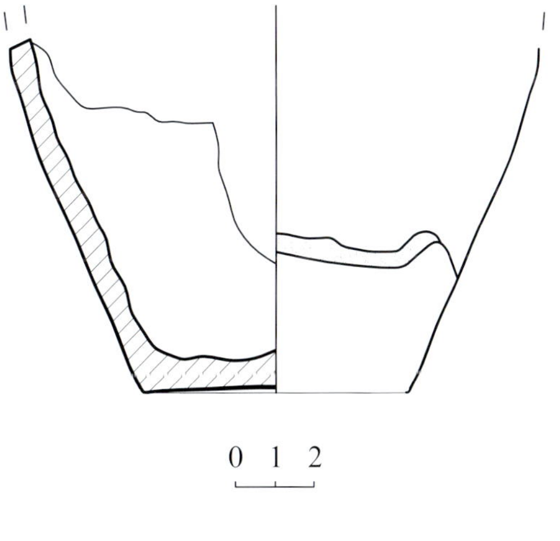
0 1 2

标本2009JDN采集：9，口腹残件。敛口，圆唇外凸，唇下方折，斜领，溜肩，领肩连续处和肩腹连续处旋修出凸棱。灰白色胎，质较细。黑釉，已被剥蚀无几。器表散布窑渣。可见轮制痕迹。残长8.7、残宽6.0厘米。

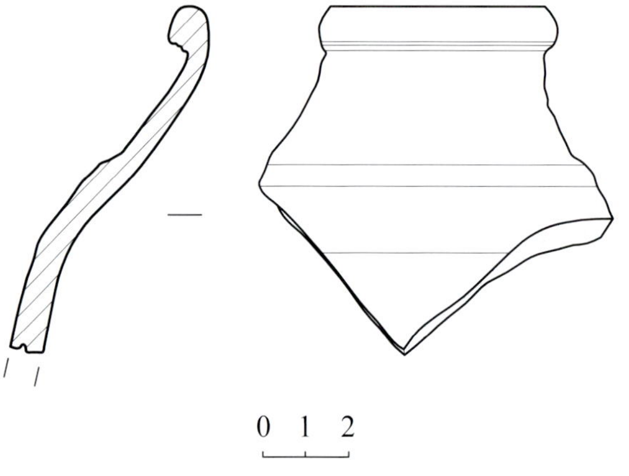

标本2009JDN采集：20，腹部残件。斜弧腹。灰褐胎，胎质细腻，散布气隙。蓝白色窑变釉，釉薄，局部有剥蚀。外壁上部饰一道凸弦纹，弦纹之下饰有横耳，已残，内壁可见轮制痕迹。内壁见有红色水沁痕。残长9.0、残宽8.2厘米。

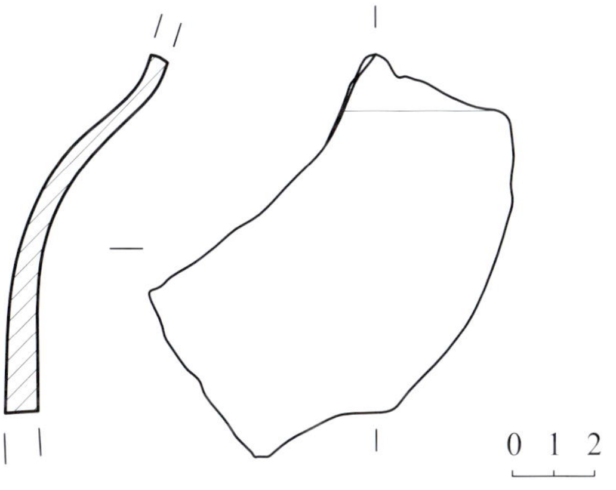

标本2009JDN采集：40，腹部残件。鼓腹。灰褐色胎，胎质粗疏，夹杂细小颗粒。釉色青黄。局部粘有窑渣。可见轮制痕迹。残高8.7厘米。

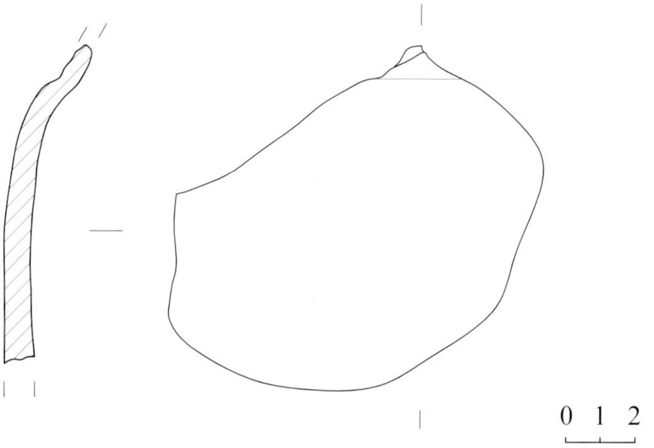

缸

标本2009JDN采集：17，口腹残件。凸唇，敛口，筒腹。灰黑色胎，胎质较粗，夹杂细小颗粒。釉已剥蚀殆尽。残长10.8、残宽4.8厘米。

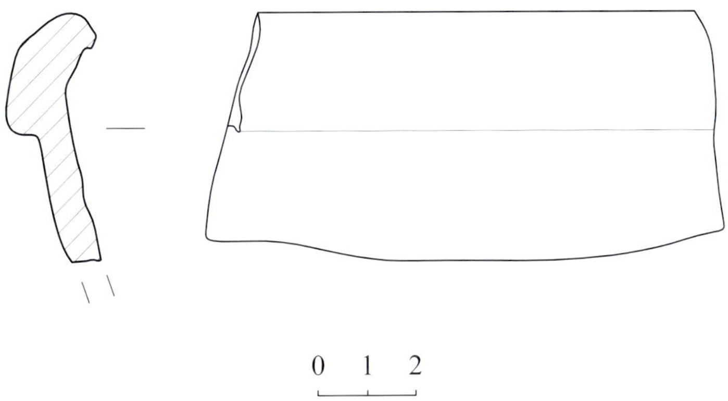

标本2009JDN采集：36，口腹部残件。方唇外凸，唇下方折，敛口，斜鼓腹。灰褐色胎，胎质细腻，散布气隙。釉色红褐，施釉不匀，部分釉已脱落。残高8.2、残宽8.7厘米。

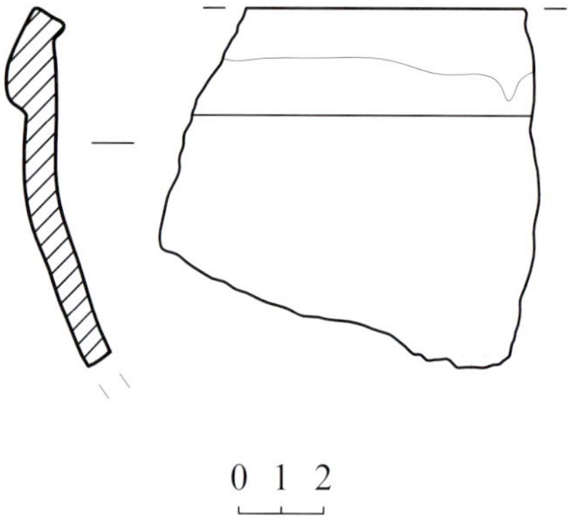

碗

器形较大，制作粗糙，仅口腹部施釉。敞口。上腹弧折，下腹斜收，平底，底部胎体厚重。

标本2009JDN采集：14，可复原。圆唇，斜弧腹，平底。胎色局部为红色，局部为灰黑色，胎质较细，夹杂有细小颗粒。施浅黄色釉。局部有窑变，呈蓝白色乳浊釉，施釉不到底。外壁可见轮制痕迹。高5.6、口径22.0、底径11.0厘米。

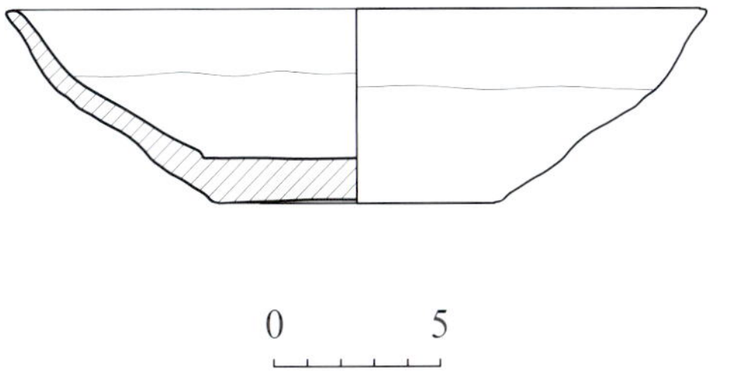

标本2009JDN采集：37，口腹残件。圆唇，敞口，斜鼓腹。灰褐色胎，胎质细腻，夹杂细小颗粒，散布气隙。釉色黑褐，施釉不匀，外壁局部窑变蓝白釉，大部分釉已脱落。残长9.9、残宽5.7厘米。

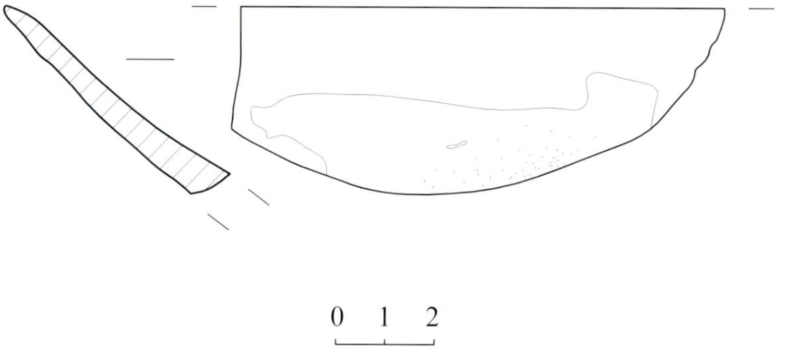

标本2009JDN采集：16，口腹残件。敛口，圆唇，鼓肩。灰褐色胎，胎质较粗，夹杂细小颗粒。灰白色乳浊釉，仅口沿部施釉，剥蚀严重。残长8.4、残宽4.3厘米。

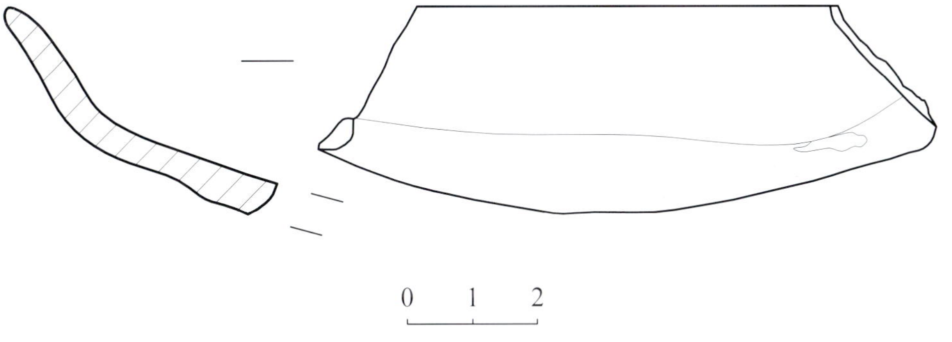

器 座

陶座：标本2009JDN采集：27，残。红褐皮深灰胎，胎质较粗，夹杂细小颗粒，散布气隙。表面呈浅灰色，上部刻划竖弦纹，底座平面饰波浪纹，侧面为刻划折线纹，其上为一圈戳印纹。器物中部有一圈裂纹。残高7.4，底径17.0厘米。

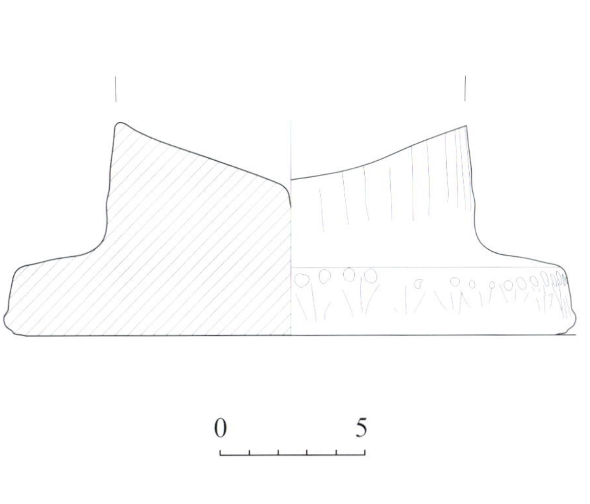

（二）产品特征

从采集品看，产品以粗瓷为主，但仍可属青瓷系列。产品类型以带系罐类为主，尚可见广口束颈罐、碗、缸等。胎色以深灰胎为主，部分产品或产品局部火候不佳显灰褐色，胎质较粗。釉色以灰青釉为主，可见蓝色、蓝白色窑变釉。施釉多较薄，欠均匀，不及底。

三、窑具及其装烧工艺

（一）窑具

采集窑具共24件，包括支座、垫饼和试火器。其中，支座及其残件21件，垫饼2件，试火器1件。

支座：有高、矮之分，一侧带孔。

标本2009JDN采集：2，可复原。表面呈灰褐色。腰鼓形，平顶，束腰，底足外撇，近顶处有数处指捏凹窝。红褐色胎，顶部粘连泥点，胎质粗疏，表面散布窑渣。高13.6、顶面直径12.5、底足直径11.7厘米。

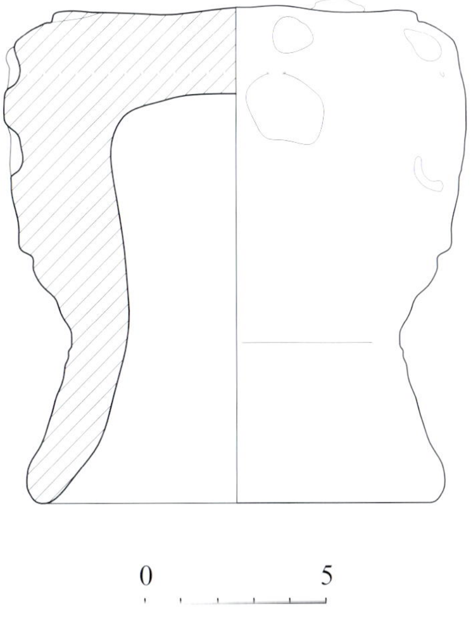

标本2009JDN采集：3，可复原。表面呈红褐色。腰鼓形，平顶，束腰，底足呈喇叭形外撇，近顶处有数处指捏凹窝。红褐色胎，胎质粗疏，顶部粘连泥点，表面散布窑渣。高14.9、顶面直径9.9、底足直径13.2厘米。

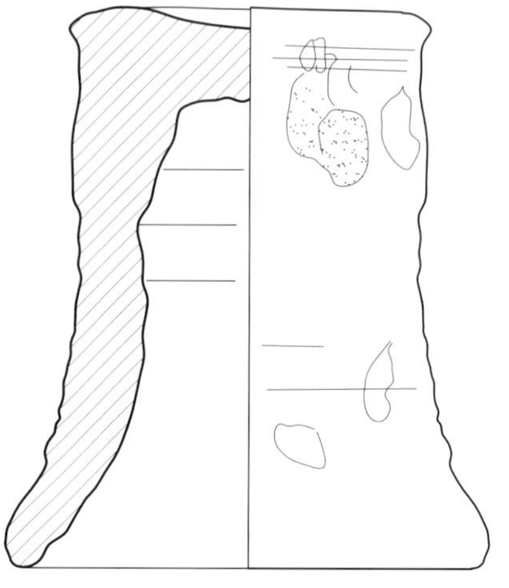

0 1 2

标本2009JDN采集：4，可复原。表面呈灰褐色。平顶内凹，筒状圈足。红褐色胎，胎质粗疏，夹杂白色细小颗粒，顶部粘连泥圈，顶部中间有一圆孔，表面散布窑渣，腹壁一侧也有一圆孔。高6.6、顶面直径14.7、底足直径11.4厘米。

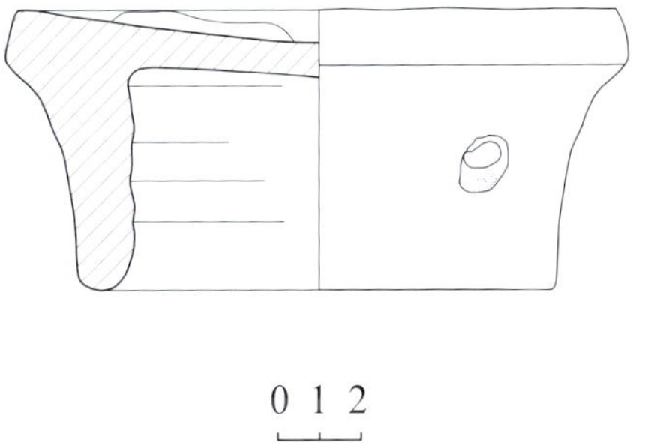

标本2009JDN采集：5，可复原。表面呈黄褐色。平顶内凹，筒状圈足。灰黑色胎，胎质粗疏，夹杂白色细小颗粒，表面有大量窑渣。侧壁刻文字“昕一百”。高5.3、顶面直径20.4、底足直径18.1厘米。

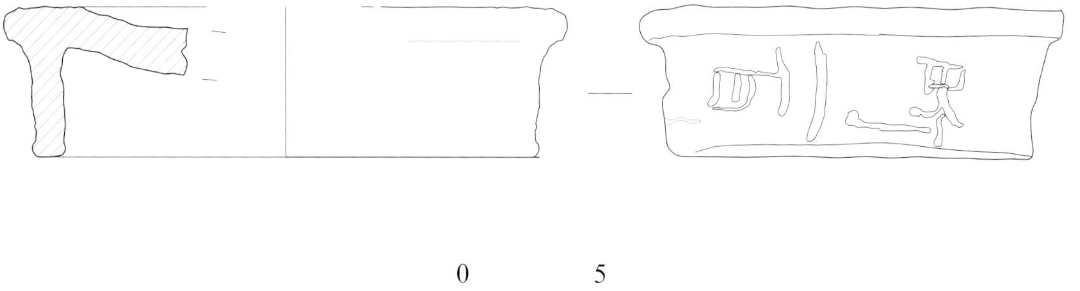

标本2009JDN采集：6，可复原。表面有火烧的斑驳痕迹。平顶内凹，筒状圈足。灰黄色胎，胎质粗疏，夹杂细小白色颗粒，表面有大量窑渣，腹壁一侧有一圆孔。侧壁刻文字“千”。高6.0、顶面直径19.9、底足直径16.2厘米。

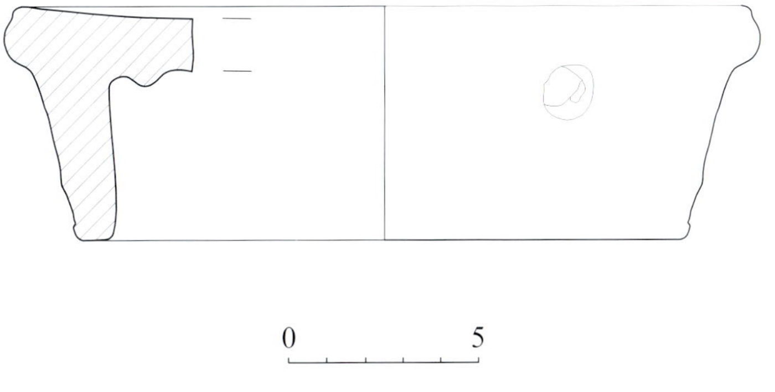

标本2009JDN采集：29，残。红褐色胎，胎较厚，胎质较粗，夹粗砂，散布气隙。器表经火烧整体呈黑色，粘连有窑渣，内壁可见轮制痕迹。顶面下倒刻有“上”字，字形规整。器身中部偏上有一圆孔。残高10.2、顶面直径16.2厘米。

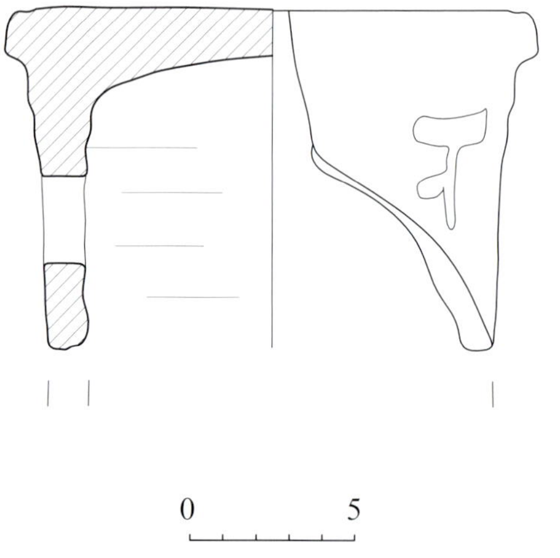

标本2009JDN采集：28，可复原。红褐色胎，胎较厚，胎质粗疏，夹杂颗粒，散布气隙，器表粘连有窑渣。器表成红褐、灰、灰白色。内壁可见轮制痕迹，中上部有指捏凹窝。内壁中部、底足有龟裂。高13.9、顶面直径12.9、底足直径12.0厘米。

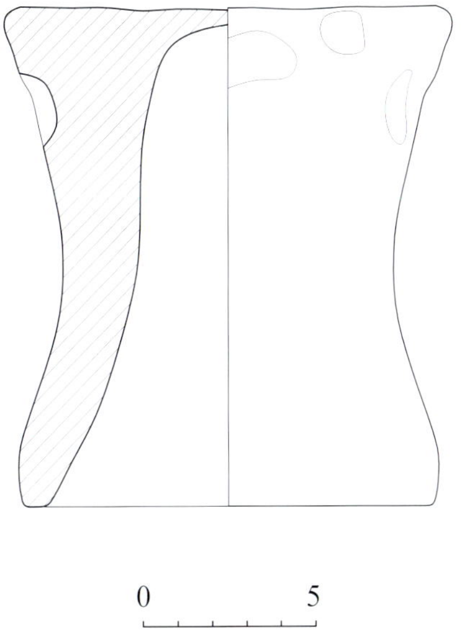

标本2009JDN采集：32，可复原。器形不规整，歪斜。顶面粘连有泥点。局部粘连窑渣。灰褐色胎，胎质较粗，夹杂细小颗粒，散布气隙。器物上部、中部有指捏凹窝。高10.0、顶面直径10.1、底足直径12.9厘米。

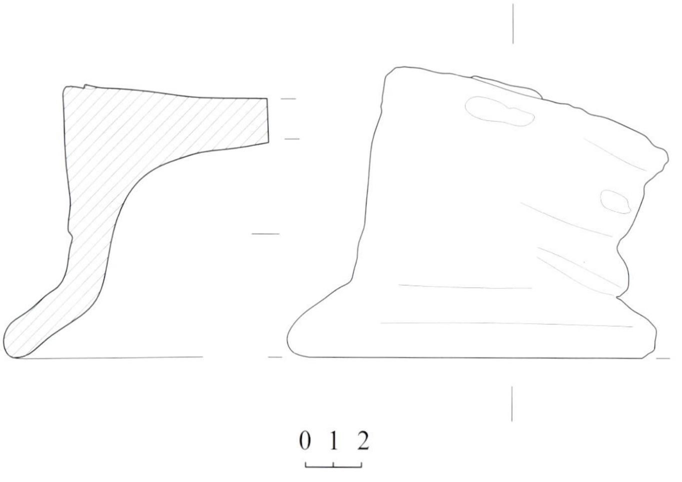

垫饼：圆形，饼状，胎质较粗。

标本2009JDN采集：18，完整。表面呈灰褐色。平顶内凹，上面有泥点，底部微下凸。灰色胎，胎质较细，夹杂黑色颗粒。厚0.9、直径7.8厘米。

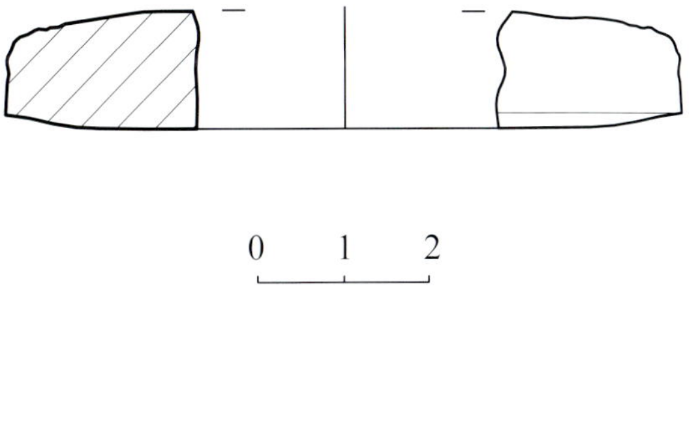

标本2009JDN采集：23，完整。黄褐胎，胎质较粗，表面烧黑。直径7.6、厚1.3厘米。

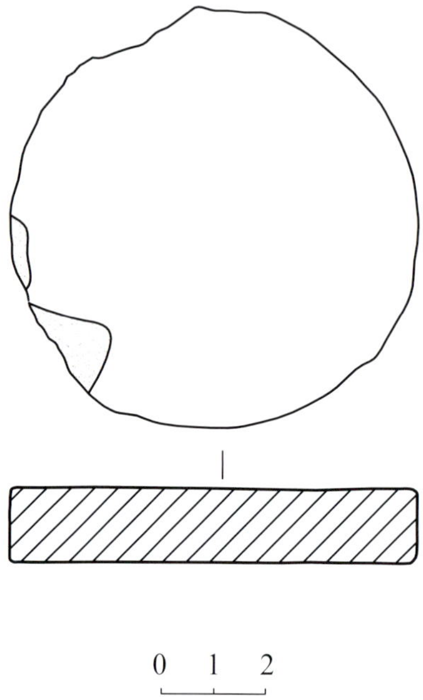

试火器（火照）：标本2009JDN采集：22，残。长方形，形似砚台，中部为长方形凹坑，一段有两个圆柱形凹窝，其中一个凹窝附近有裂痕。上部灰色，底部黄褐色。通体无釉。厚3.5、残长5.4、宽约9.0厘米。

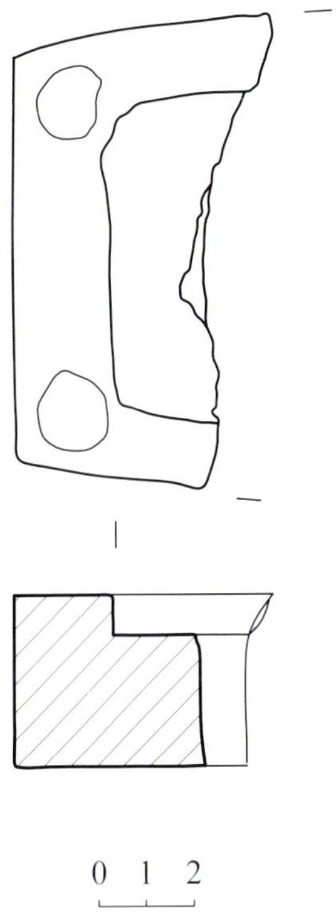

（二）装烧工艺示例

罐、缸类产品应为支座裸烧，表面可见散布窑渣。碗类产品应为叠烧。

标本2009JDN采集：24，残。数碗叠烧在一起，尖圆唇，斜弧腹，整体变形。灰胎，胎质细腻。釉色黄褐，夹杂黑色斑点。表面粘连窑渣。通高7.8厘米。

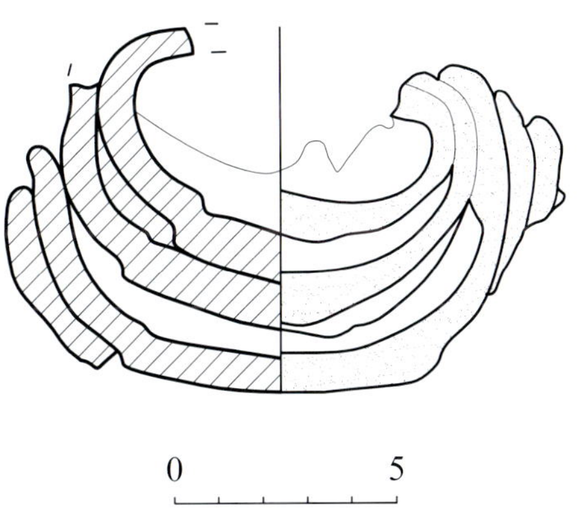
0
5

标本2009JDN采集：35，残。两缸口部粘连，两缸均为方唇外凸，唇下方折，敛口。灰褐色胎，胎质细腻，夹杂细小颗粒，散布气隙。釉色黑褐，施釉不匀，部分釉已剥蚀。残高5.7厘米。

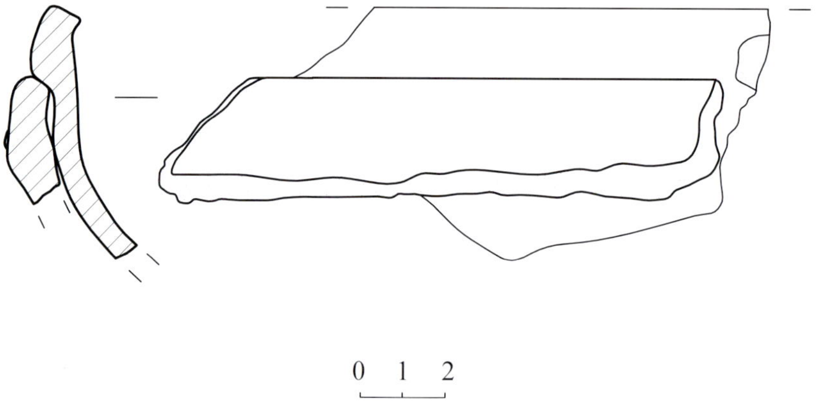

四、价值与保护

该窑址是一处生产粗瓷器的窑址，在现场踏查中未发现制作较精者，釉色多显灰青黯淡，是一座普通的民窑。在杭州地区以往的城市考古工作中，经常能够发现此类带系罐，虽制作较粗，但是民间常用之器，可用于汲水、储水、盛酒等。倪家窑址如此大量的堆积，可见其产量非同一般，或是烧造时间较长。同时也提示我们窑址周边有可能存在古代酿造业遗存，此类遗存对罐、罈类器物的需求量较大。

在倪家窑址堆积中，也采集到了部分蓝色、蓝白色窑变釉标本。倪家窑址虽与窑坞、后山窑址相隔较远，但同属兰江、衢江和金华江三江河谷平原北部山地丘陵区，而金华铁店窑则位于该河谷平原南部山地丘陵区，水系有白沙溪，这对我们研究类钧釉、仿钧瓷器具有重要意义。

该窑址属倪家村集体用地，目前尚用于农业生产，种植橘树。在农业生产活动中可能会对窑址产生一定的破坏。（图3-16窑址现状）该窑址于2010年5月被建德市人民政府核定为建德市市级文物保护单位，与当地镇、村签订了文物保护责任制，依法进行保护。

图3—16

结　语

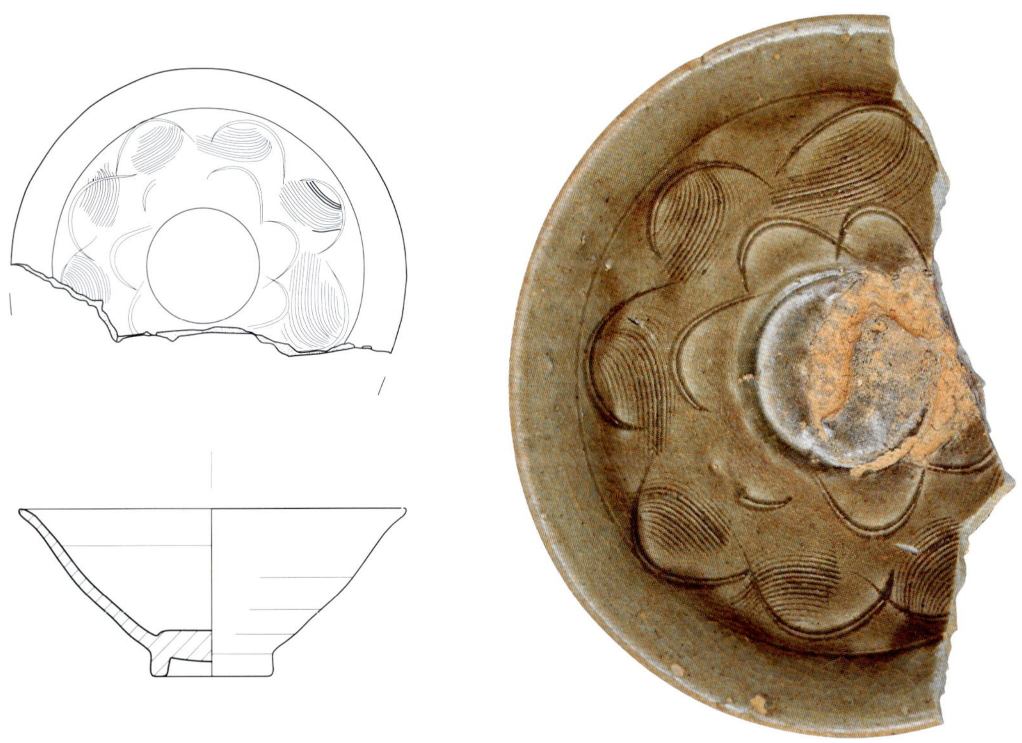

第四章　结　语

最后，就各窑产品年代、蓝色窑变釉相关问题及调查发现的意义等略作分析和探讨。

第一节　各窑产品年代的初步分析

各窑产品以大白山窑址所出最精，具有龙泉窑产品的风格特征。其余各窑均烧青瓷，产品制作多欠精细，其中特征明显、可资断代的器物较少。

大白山窑址产品以双面刻划花碗类产品采集最多，外壁纹饰为折扇纹，内壁间饰篦纹。在龙泉东区窑址中，折扇纹和篦纹在第一期第一段产品中已出现，第二段继续流行，至第三段时由双面刻花转向单面刻花，篦纹仍有少量流行，至第四段时，篦纹消失。[①]结合篦纹在碗类器物型式演化中的特征变化，我们认为大白山窑址采集双面刻划花碗的相对年代与龙泉东区窑址第一期第一段至第二期第三段可对应，时代为北宋晚期至南宋早期。

除大白山窑址外，其余各窑均产蓝色、蓝白色窑变釉瓷器。金华铁店窑的年代定为北宋至元代，故而各窑址所产同类器的年代应大致处于这一时期。反观钧窑瓷器，以钧台窑遗址的发现为依据，钧窑始烧于北宋，金元时期继续烧造钧瓷，而其早期历史或与唐代花瓷有关。[②]而类似唐代花瓷在浙江境内亦有发现，且存在烧造此类瓷器的窑址，因此，浙江境内此类瓷器烧造的早期历史抑或可上溯至唐代。[③]

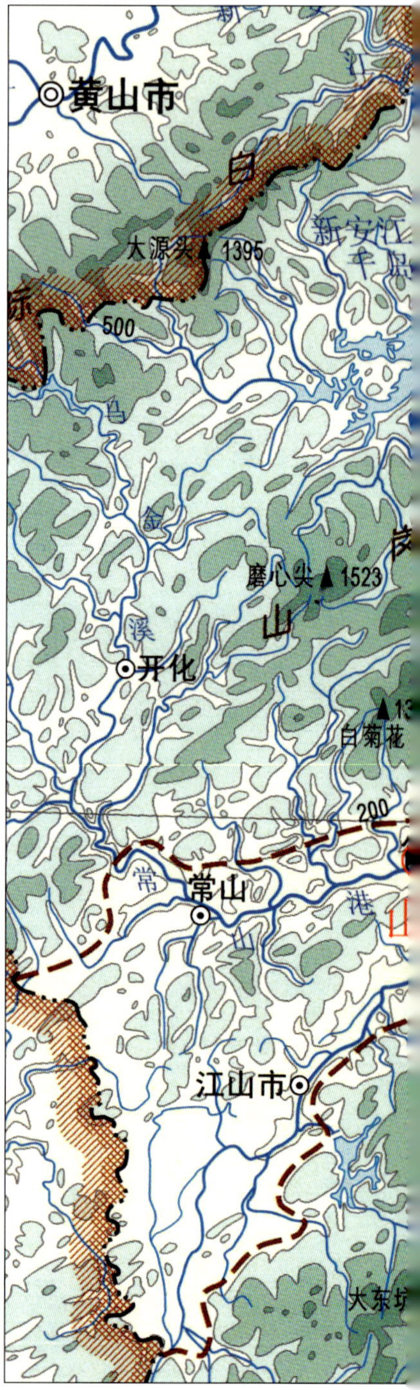

①浙江省文物考古研究所《龙泉东区窑址发掘报告》，文物出版社，2005年。

②中国硅酸盐学会《中国陶瓷史》，文物出版社，1982年。

③季志耀《漫谈衢州古代瓷窑》，《中国古陶瓷研究》（第三辑），故宫博物院紫禁城出版社，1990年。

桐庐
龙
诸暨市
观音尖▲1246
紫高尖▲1018
淳安
门
山
建德市
浦江
千
倪家窑址
大慈岩脚窑址
金
义乌市
窑坞窑址
华
东阳市
大盘山▲1312
兰溪市
后山窑址
山
III
金华市
龙游
方坦窑
铁店窑
窑
武义
永康市
门尖▲1452
雪峰山▲1113
乌岩尖▲1079
仙
缙云
白马山▲1621
遂昌
白水基山▲1298
大洋山▲1500

图4—1

在大慈岩脚、窑坞、后山和倪家窑址采集遗物中，均可见制作较粗的叠烧碗类产品。虽然匣钵装烧是唐代瓷业装烧技术的一个重大贡献，促成了此后历代精美瓷器的烧造与发展，但在浙江地方民窑中叠烧这种较原始的烧造工艺在宋元乃至明代仍可见到。从各窑采集匣钵可知，各窑年代应不早于唐代。而由各窑产品釉面特征分析可知，各窑产品年代应不晚于元代。

大慈岩脚窑址出土的壶残件，如标本2009JDD采集：2，制作较精，应为执壶的肩部残件，残留小部分壶流根部，和后山窑址采集的执壶残件，与越窑此类产品特征相仿，如上林湖窑址上Y43：30（后期九段，12世纪上半叶）、白洋湖窑址白Y5：29（第二组，北宋中晚期）以及里杜湖后段各型壶（11世纪下半叶至12世纪上半叶）。[①]因此，上述执壶残件的年代应在北宋中晚期。

韩瓶流行于南宋和元代，南宋抗金名将韩世忠曾用这种瓶装上酒，犒赏三军，因而得名。是当时军队士兵用于取水的工具，其功能相当于现在的军用水壶。南宋临安城遗址出土的此类韩瓶多见于元代地层中。

综上可知，建德市境内发现的这些窑址的大致年代为北宋至元代。

第二节　蓝色窑变釉相关问题的初步探讨

各窑址所见的这类蓝色窑变釉属乳浊釉类，可能和钧釉同属一种二液相分相釉，这种釉具有蓝色光泽。目前建德境内发现的产此类瓷器的窑址有大慈岩脚窑址、窑坞窑址、后山窑址以及倪家窑址，其特征与铁店窑产品相类。

铁店窑遗址位于浙江省金华县琅琊镇铁店村及其周围的山坡上。在地域分布上，铁店窑与大慈岩脚窑址、窑坞窑址、后山窑址以及倪家窑址同处于兰江、衢江、金华江三江河谷平原边缘的山地丘陵中，地形条件相似，为婺城（金华）的辐射地带。此外在衢州地区也有烧造乳浊釉瓷器的窑址，以衢县沟溪乡上叶村山翁厅窑和龙游县上圩头乡官村方坦窑所出为多，而且在历年来衢州各地发现的唐墓中也出土了为数不少的乳浊釉瓷，器形主要是盘口壶和碗。[②] 由此可知，具此类窑变特征的瓷器在本地区的烧造可上溯至唐代。

①慈溪市博物馆《上林湖越窑》，科学出版社，2002年。

②李志耀《漫谈衢州古代瓷窑》，《中国古陶瓷研究》（第三辑），故宫博物院紫禁城出版社，1990年。

从这类产品在杭州、金华和衢州三市的出土情况，结合已知窑址的地理位置的分析，可知生产此类产品的窑址以低山丘陵为地形条件，以兰江、衢江、金华江流域发达的水系为交通、资源条件，以古代婺城为枢纽，分布于兰江、衢江、金华江三江河谷平原（金衢盆地）的边缘地带，窑址数量应较丰富。（图4–1）

铁店窑发现于1981年文物普查时，2001年6月25日公布为第五批全国重点文物保护单位，是浙江境内烧造此类釉窑址的代表。烧造的瓷器品种以乳浊釉瓷器为主，尚有青釉瓷器。乳浊釉瓷器种类有碗、盘等日常生活用器，和三足鼓钉洗、鬲式炉和花盆等。器物纹饰以素面为主。铁店窑乳浊釉瓷器与北方同时期的乳浊釉瓷器有明显的区别，具有鲜明的地方特色。韩国新安沉船的发现，说明其烧制的乳浊釉瓷器在元代曾远销海外。

因此，若以窑系来总称以铁店窑此类产品特征为代表的各窑口，则建德市境内发现的大慈岩脚、窑坞、后山以及倪家窑址均可归入这一窑系，而且，为产品特征、类型差异、地域区别等研究提供了更丰富的实物资料。

第三节　调查发现的意义

这些窑址的发现，是建德市第三次全国文物普查的重要收获之一，大白山窑址的发现，为建德市首次发现，所产瓷器造型、烧制方法、施釉发色及刻花装饰等均具有明显的北宋时期特点，对研究宋代瓷窑体系、瓷业生产规模、窑炉结构、烧制工艺、瓷器销售，以及了解建德当时社会、经济、生活等均具有重要价值。

通过对发现的这五处窑址的研究，增加了建德市古窑址分布的新知，有助于进一步了解浙西地区宋元时期陶瓷生产的历史。对于了解浙西窑址的分布特点、历史沿革、区域文化经济发展及其历史文化研究等都具有十分重要的意义。

后 记

建德历史悠久，境内古迹众多，人文底蕴厚重，且依山傍水，山川秀丽。新安江、兰江两大水系及其丰富的资源优势为建德建窑烧造瓷器提供了优越的条件。历年来，文物工作者在遗址、墓葬中发现的青瓷、白瓷等标本数量众多，品种丰富，尤以刻花青釉瓷器质量为上乘。然而，建德境内的古窑址遗存一直是个空白，文献中也未曾有烧窑的确切记载，更未发现烧造刻花青釉瓷的窑址所在，这不能不说是一个遗憾。

2007年开始的第三次全国文物普查为我们摸清建德市地下遗存提供了契机。普查队员一开始就以窑址专题普查为突破口，把存在古窑址必须具备的几大条件熟记于胸，包括适合建窑的缓山坡、便于淘洗的水塘等地形地貌条件，作为原料的瓷土、作为燃料的柴或炭等资源条件，以及适合产品运输外销便利的水上交通条件，等等。把普查中的收获，如古窑址堆积剖面的照片、采集的标本等，制成幻灯片、宣传手册，随身携带，便于当地人直观了解，为我们提供线索。

"三普"工作中我们注重做实、做好以下几项工作：

一、积极参加专题培训。我们派出3名普查员参加了杭州市文物普查工作专题培训，认真学习和掌握认定古遗址、古窑址等普查工作的要点，并在专家的指导下参与实地调查。同时，着重分析建德市历年来出土的青瓷标本，并对各时期窑址所处的地形地貌、堆积特点及其产品类型等进行了总结。

二、注重查阅历史文献。要求普查员在认真查阅建德地方文献的基础上，分析、提炼文献资料，寻找古窑址的蛛丝马迹，为日后普查中有目标、有针对性地开展工作，确定重点调查区域提供支持。

三、切实做好走访和野外调查。每到一个村先召开老同志座谈会，详细介绍古遗址、古窑址的特征，并重点走访曾参与非遗普查的老同志和热心人，让他们直观地了解古窑址存在的特征及现状，使他们可以更好地为我们提供古窑址的线索。

【后 记】

我们的工作，得到了省、市各级领导、专家、同仁的关心和支持。浙江省文物考古研究所沈岳明书记在大白山窑址发现之初，曾亲临现场指导，并建议对窑址实施抢救性考古发掘。杭州市文物考古研究所唐俊杰所长在百忙中赴现场考察发现的每一处古窑址，帮助建德普查队对窑址及其产品进行断代，确认窑址的性质、范围、堆积和保存情况，并就下一步保护提出了诸多宝贵意见。浙江省第三次全国文物普查办公室刘斌、张书恒、陈慧珉与杭州市第三次全国文物普查办公室潘沧桑、杜正贤、郎旭峰等领导和专家多次到现场给予指导，使我们获益良多。杭州市文物考古研究所王征宇、何国伟、杨金东帮助我们挑选了大量标本，并给予编号、拍照、绘图、描述等，做了大量专业性极强的工作，他们的辛劳为本书的出版奠定了良好的基础。建德市文广新局领导多次亲临窑址现场指导调查和后续保护工作，并为本书的出版提供了各方面的有利条件。

建德市委、市政府高度重视古窑址的保护工作，并及时提供政策支持。新发现的5处窑址，除大慈岩脚窑址因保护情况较差外，其余4处现均公布为文物保护单位，依法进行保护。在“三普”实地调查阶段结束后的2010年5月，大白山、倪家、后山、窑坞四处窑址分别由建德市政府公布为市级文物保护单位。之后，我们又向浙江省文物局申报大白山窑址为浙江省省级文物保护单位，经审核通过后，在2011年1月由浙江省政府予以公布。同时，省、市政府也对我们付出的辛劳和取得的成果给予了肯定，如此深感欣慰。

建德市第三次全国文物普查办公室
2012年3月7日

图书在版编目（C I P）数据

建德古窑址 ：建德市第三次全国文物普查成果．2 / 建德市第三次全国文物普查办公室编. -- 杭州 ：西泠印社出版社，2012.4
ISBN 978-7-5508-0436-4

Ⅰ.①建… Ⅱ.①建… Ⅲ.①窑址（考古）—介绍—建德市 Ⅳ.①K878.5

中国版本图书馆CIP数据核字（2012）第053394号

建德古窑址　建德市第三次全国文物普查办公室 编　尧志刚 主编

出 品 人：江　吟
责任编辑：吴宜阆
责任出版：李　兵
封面设计：王　欣
出版发行：西泠印社出版社
地　　址：杭州市西湖文化广场32号5楼
邮　　编：310014
电　　话：0571-87243279
制　　版：杭州美虹电脑设计有限公司
印　　刷：浙江海虹彩色印务有限公司
开　　本：889×1194　1/16
印　　张：14.5
印　　数：1000
书　　号：ISBN 978-7-5508-0436-4
版　　次：2012年4月第1版　第1次印
定　　价：268.00元